Mostafa Salhane
Frédéric Ploquin



# 15 minutes pour sauver ma vie

PLON
www.plon.fr

92, avenue de France
75013 Paris
Tél. : 01 44 16 09 00
Fax : 01 44 16 09 01
www.plon.fr – www.lisez.com

Dépôt légal : février 2024
ISBN : 978-2-259-31853-2
Mise en pages : Nord Compo

# 15 minutes
# pour sauver ma vie

## 19 h 58
## Mardi 11 décembre 2018

La nuit est tombée. Il fait froid, en dessous de zéro degré. Le marché de Noël, à deux pas de la cathédrale de Strasbourg, ne va pas tarder à fermer ses chalets. La foule se presse aux portes des bars et des restaurants, comme le Pont Saint Martin, une institution locale, où ont prévu de dîner mes clients, quatre parlementaires italiens, que j'emmène au plus près. Je les dépose place des Moulins, au cœur de la Petite France, le quartier le plus visité de la capitale alsacienne et son cœur historique.

Une fine bruine tombe sur le pare-brise de ma Mercedes noire. Les passants portent tous doudounes, gants, bonnets et écharpes. Les trois passagers assis à l'arrière descendent de mon véhicule en laissant la portière arrière droite ouverte. Le quatrième, installé sur le siège avant, règle la course en me tendant un billet de 10 euros et deux billets de 5 euros.

— Gardez la monnaie, dit-il.

Sur la facture que j'imprime à sa demande figure la date et l'heure : mardi 11 décembre 2018, 19 h 58.

Je tends son reçu au parlementaire. Je vais forcément embrayer avec une nouvelle course. On travaille bien à cette époque de l'année, nous, les chauffeurs de taxi. C'est même la meilleure période, quand la ville attire des touristes du monde entier pour les fêtes et que le Parlement européen bat son plein pour sa dernière semaine avant la trêve des confiseurs.

À cet instant, une silhouette accroche mon regard. Un homme, dissimulé derrière une camionnette blanche, stationnée à moins de dix mètres, surgit d'un pas rapide. Je dissèque rapidement l'individu, une habitude. Sa main droite est glissée sous sa doudoune noire. Curieux. Que cache-t-il ? En trois secondes, je me dis que ce type n'a pas l'air net. J'en ai la certitude. Je me trompe rarement. J'ai longtemps été employé comme physionomiste par les discothèques de la ville. J'ai « fait la porte », comme on dit dans le jargon. Une fonction qui consiste précisément à détecter le client indésirable, celui qui va perturber la soirée parce qu'il est trop alcoolisé, sous l'emprise de stupéfiants, ou tout simplement trop énervé. J'identifie très vite celui qui cherche la bagarre. Les petites frappes, comme on les appelle. Lui est de ce tonneau. À coup sûr.

Dans le rétroviseur, je distingue les quatre parlementaires que je viens de déposer. L'un d'eux allume une cigarette. Je balaye la place d'un coup d'œil rapide. Quelque chose cloche dans la façon dont marche cette maman avec ses trois enfants. Ce n'est pas le froid de l'hiver qui lui fait presser le pas à ce point. C'est autre chose. Une femme, des cheveux blonds sous son bonnet, tourne la tête dans tous les sens comme si elle scrutait la pénombre, tandis que son compagnon accélère lui aussi le rythme. Deux agents de sécurité – des étudiants sénégalais employés pour contrôler les visiteurs du marché de Noël – semblent en conciliabule à la hauteur du petit pont. Le fracas d'une cascade est tel qu'il couvrirait le bruit des balles – alors que j'assurais la sécurité de la boîte de nuit surplombant le cours d'eau, nous avions mesuré son niveau sonore pour relativiser celui de la musique.

L'homme à la doudoune noire marche vers ma voiture. Il me fixe droit dans les yeux. Il a l'air mauvais. Regard noir. Nerveux. Son comportement, ses gestes ne sont pas ceux de quelqu'un qui n'a rien à se reprocher. Malgré l'obscurité, je devine une bosse au niveau de son ventre. Il vient de voler quelque chose, de détrousser quelqu'un. Il cache son butin sous ses vêtements. Simple intuition.

Il approche. Il n'a vraiment pas l'allure d'un touriste qui vient de déguster un cornet de marrons chauds. Rien du badaud venu profiter des lumières et des surprises de ce marché merveilleux, fort de ses quatre cent cinquante ans d'histoire. Ses traits sont tendus. Je dirais même qu'il a une sale gueule. Une tête de prédateur comme j'en ai croisé des dizaines avant lui. Pourquoi cache-t-il sa main droite ? Je ne le lâche plus du regard. Il est pour moi, celui-là. Il va monter à bord et me braquer pour piquer le contenu de ma caisse. Ou essayer de voler ma voiture. Je connais ce genre de mecs.

Il ne lui reste que quelques mètres à parcourir avant de se hisser à ma hauteur. Il est temps de décamper. Je suis le seul taxi à la ronde. Nul doute que je vais pouvoir charger rapidement de nouveaux clients, ne serait-ce que pour libérer la Clio bleue dont je bloque le passage. Un couple me hèle justement de la main. La portière de la voiture est restée ouverte. Je m'apprête à les accueillir.

— Bonjour. Montez. Vous allez où ?

L'homme à la doudoune noire les grille. Sans même leur jeter un regard, il leur passe devant sans un mot. S'impose dans mon taxi. Se glisse lourdement sur la banquette arrière. Puis claque la portière au nez du couple. Cette impolitesse n'augure rien de bon.

Je me retourne et le regarde furtivement du coin de l'œil. Il s'est positionné pile au milieu de la banquette, ce qui est plutôt rare. Il est nerveux. Jette un regard à gauche, puis à droite, comme s'il guettait un danger. Ou attendait quelqu'un. Peut-être vient-il de voler à l'arraché le sac à main d'une touriste. Certains se baladent avec beaucoup de cash, comme les Chinois ou les Américains. Un jour, un client a même oublié dans ma voiture un portefeuille avec 1 000 euros à l'intérieur, que je lui ai bien sûr rapporté.

Les deux étrangers qu'il vient de bousculer font de grands gestes sur le trottoir. Ils ont certainement appelé un taxi et sont furieux de s'être fait doubler par un malotru. Ils tapent à la vitre :

— Are you free ?

Je baisse la fenêtre :

— No, I am sorry.

Mon indésirable passager me coupe. Il hurle :

— C'est bon ! Vous voyez pas qu'il est pris ?

Il a la voix d'un homme en colère. En alerte depuis le premier instant où je l'ai aperçu, je redouble de méfiance. Cette agressivité vis-à-vis des clients n'est pas dans mon habitude. Je la prends pour moi. Dans la pénombre du véhicule, je distingue mal les traits de son visage. J'opte pour un ton posé :

— Calmez-vous, je gère.

D'un geste bref, je m'excuse auprès du couple et leur fais comprendre qu'il n'y a pas d'espoir.

Pousser dehors cet individu serait contraire au règlement. Dans un taxi, on ne met pas à la porte un client déjà assis. Si on le fait, on peut avoir des ennuis, notamment s'il lui arrive un accident en descendant. Lui signifier que j'ai une autre course, un engagement, une commande ? Je suis pris de court.

Je croise à nouveau son regard dans le rétroviseur. Il me fixe. Il transpire, ce qui est mauvais signe au vu de la température extérieure. Il vient peut-être de se battre avec quelqu'un, ou de courir un sprint. C'est à cet instant que je reçois sa première consigne :

— Ramène-moi au Neudorf ! Dépêche-toi ! Ma mère est malade !

Quelque chose ne colle pas dans cette injonction. Je vais rouler quelques centaines de mètres et aviser. L'emmener un peu plus loin et m'expliquer avec lui, à l'écart. Il m'est déjà arrivé à plusieurs reprises de neutraliser des gars au bord de la bagarre : loin de sa meute, le meneur à la grande gueule se fait généralement caniche. Si tout se passe bien, il baisse la tête et rentre dans le rang.

Je dois déjà m'extraire de cette zone semi-piétonne. Au bout de la petite rue qui dessert la place, nul besoin du badge pour actionner le plot qui barre le passage : il se baisse automatiquement lorsqu'on approche. Dix secondes. Vingt secondes. L'homme crie dans mon dos :

— Est-ce qu'il va descendre, ce plot ?

— Oui, oui, il va descendre. Regardez.

Neudorf. Bizarre qu'il ne me donne pas de nom de rue, encore moins de numéro. Neudorf, c'est un faubourg populaire très étendu, situé au sud-est de l'agglomération strasbourgeoise. Un quartier périphérique densément peuplé, qui abrite notamment le commissariat central. Un secteur où j'ai l'habitude de me rendre.

— S'il vous plaît, donnez-moi votre adresse.

Le plot baissé, je démarre enfin en direction de la seule voie possible. Une rue à double sens. Un œil devant, l'autre sur le rétroviseur central, je roule doucement. Trop doucement aux yeux de celui qui vient de s'incruster dans mon dos, une position qui lui confère un avantage certain. Il aboie :

— Roule plus vite ! Dépêche-toi !

C'est un ordre que je ne peux pas exécuter, étant donné la densité de la circulation et la présence de tous les piétons.

— Si tu roules vite, je te donnerai cinquante euros.

— Ce n'est pas une question de cinquante euros, je n'ai pas le droit de rouler vite en centre-ville.

Quelle est l'urgence de cet homme ? Qu'est-ce qui l'agite ainsi ? Que cache-t-il dans sa main ? J'ai besoin de gagner du temps pour comprendre ce qu'il a en tête.

Nous laissons sur la gauche une caserne de pompiers où je ne détecte pas d'agitation particulière.

— Prends à droite !

Je m'engage dans la rue Finkwiller, lorsqu'une nouvelle injonction jaillit derrière mon épaule :

— Roule plus vite, je te dis, ma mère est malade !

Sa mère, encore. Je tente de le raisonner. Je vais bien voir si les informations que je lui donne montent jusqu'à son cerveau. Si elles produisent un effet quelconque sur lui.

— La vitesse est limitée à 30 km/h. Il y a beaucoup de monde. Je ne peux pas rouler plus vite.

— Avance plus vite, je te dis ! Ma mère est malade.

Visiblement, je n'ai pas été compris.

Un coup d'œil me confirme que l'individu sue comme après un footing en plein été. La température ne dépasse pourtant pas les 20 degrés dans l'habitacle de la Mercedes, ce véhicule où je passe plus d'heures que chez moi et que je bichonne et soigne comme s'il s'agissait d'une chambre d'hôtel au George V. Je fais tout pour que le passager s'y sente bien.

Je m'obstine cependant à le traiter comme un client presque normal. J'ai besoin d'affiner mon itinéraire vers le quartier de Neudorf, qui est très étendu. Et aussi de me rassurer. Question *a priori* banale quand se profile le premier feu rouge :

— Donnez-moi votre adresse, monsieur.

Il crie à nouveau :

— Je vais te montrer par où tu dois passer !

Visiblement pressé de quitter le secteur, mon passager semble vouloir prendre les commandes du véhicule. Il arrive parfois qu'un client m'impose un itinéraire de préférence. Mais là, il s'agit d'autre chose, que je ne parviens pas encore à définir.

— Tout droit ! Tout droit !

La rue du Cygne prolonge la rue Finkwiller ; sur la droite, alors que se présente un deuxième feu rouge, les bâtiments de l'hôtel du Département. Je continue à le vouvoyer. Comme tous mes clients. J'ai été éduqué comme ça par mon père.

— Monsieur, calmez-vous. Vous n'avez pas besoin de crier.

— Dépêche-toi ! Dépêche-toi ! Ma mère est malade.

Il sue, mais il est sûr de lui. Sa voix ne tremble pas.

On ne choisit pas ses clients, mais tous ont au moins ceci en commun : une adresse où ils veulent que je les dépose. Bien sûr, il y a des exceptions, comme celui qui demande, sans précautions de langage, si je connais un endroit où il pourrait trouver du shit ou de la cocaïne, ou si j'ai l'adresse d'un bordel en Allemagne. Ceux-là, je les fais descendre tout de suite. Je ne suis pas là pour les aider à se fournir de la drogue, ni quoi que ce soit. Je ne suis pas non plus les Pages jaunes. « Si vous avez une adresse, je vous dépose ; sinon, vous sortez. » Le gars qui est assis dans mon dos depuis une minute est d'un autre genre. Il veut que je le conduise quelque part, mais je ne sais pas exactement où. Je n'ai qu'une vague destination.

Je crois encore qu'en l'amenant un peu plus loin, il va se détendre et que l'on va pouvoir discuter. Sa mère est malade, dit-il. Une maman, c'est sacré. S'il arrivait quelque chose à la mienne, j'abandonnerais tout et je volerais à son secours. Je suis capable de ne pas encaisser la course s'il s'agit de sauver sa mère. Je tente un biais :

— Vous voulez que j'appelle les pompiers ? Ou une ambulance ? J'ai une ligne directe, ça peut aller vite.

— Non, non, c'est bon. Je te dis de rouler, tu roules.

Ma méfiance monte d'un cran. Il ne me donne toujours pas d'adresse et reste focalisé sur sa mère. Il est agressif. Il s'impose. Ce type veut *me la faire à l'envers*, comme on dit. Il est trop vague pour être sincère. Il manigance quelque chose. Tous les capteurs disponibles se mobilisent dans mon cerveau. Le vouvoyer n'est pas forcément une bonne idée. Il risque de croire que je me moque de lui ou que je fais l'instruit. Combien de fois j'ai entendu des gars comme lui me lancer : « Mais parle-moi normal ! » Autrement dit : parle-moi le langage de la rue, pas celui des instruits et autres « lèche-bottes », comme ils disent.

Je veux à tout prix éviter une réflexion du style : « Tu veux jouer à quoi, au Français qui sait parler le français ? » Tout plutôt que de nourrir l'irascibilité qu'il affiche à mon égard depuis qu'il s'est invité à bord.

## 20 h 00
## « Si tu fais le malin, je t'allume »

— Continue tout droit !

Voilà deux minutes que cet homme tient les commandes par procuration. De plus en plus tendu.

J'obéis, difficile de faire autrement, et poursuis par la rue Humann, qui prolonge la rue du Cygne en direction du sud de l'agglomération. Nous laissons la faculté de médecine sur notre gauche. Je roule doucement. Sous la limite de la vitesse réglementaire. Sans bruit. Dans le silence feutré de l'habitacle, j'entends le crissement de sa doudoune sur le cuir noir de la banquette. L'homme ne tient pas en place. Tantôt au milieu, il glisse vers la portière droite, puis revient au centre, puis se décale vers la gauche. Il regarde souvent par la lunette arrière, à l'abri derrière les vitres teintées. Il redoute probablement d'être suivi. Il se prépare à un face-à-face. Moi aussi.

Quand il est assis au milieu, je vois ses yeux pile au centre de mon large rétroviseur serti de gris et légèrement bombé. Son regard est de ceux qui effraient. Des gouttes de sueur perlent sur son front et roulent vers ses sourcils noirs. De grosses gouttes. Je devine une barbe. Pas très fournie. Une barbe de quelques semaines. Mon cerveau turbine à la vitesse du moteur de ma Mercedes classe E 220. J'ai déjà eu des passagers difficiles. Je ne me suis jamais laissé faire, ce n'est pas mon style, mais celui-ci a l'air particulièrement retors.

Je gère mon stress. J'ai acquis une certaine habitude dans ce domaine grâce à mes longues années de pratique sportive. Je contiens le rythme de ma respiration comme celui de mon cœur, rodé par les nombreuses séquences d'efforts intensifs sous la surveillance de professeurs exigeants. Ce n'est pas le cas de mon passager. J'entends dans mon dos le souffle court et bruyant de cet individu qui prétend prendre en main cette course totalement inédite.

J'ai déjà eu l'occasion de côtoyer des personnages de cet acabit. Ils peuvent être mielleux, puis subitement retourner leur veste et passer au piment, à l'amer, au corsé. Je reste sur mes gardes, et l'homme me donne raison en changeant brusquement de registre. Il a un doute sur mes origines. Dans un dialecte arabe approximatif, il me lance :

— Est-ce que tu es d'origine arabe ? Tu parles arabe ?

— Oui.

Silence. J'enchaîne en arabe, peut-être sera-t-il plus réceptif :

— Je suis arabe. Tu peux tout me dire, je ne suis qu'un chauffeur de taxi. Je t'aiderai autant que je peux.

Quand j'avais des problèmes avec des jeunes qui avaient grandi dans les cités, du temps où j'exerçais le métier de physionomiste, je leur parlais arabe. Les mots sont plus directs. C'est dans cette langue que les élevaient leurs parents. Ça m'a plusieurs fois permis de retourner la situation en ma faveur.

Il n'y a pas de *vous* dans ce dialecte. Désormais, je le tutoie. C'est une façon de me mettre à son niveau. En le tutoyant, je lui signifie que je suis de son côté. J'essaye de pousser l'avantage, tout en restant humble :

— Explique-moi ce qui t'arrive. Si je peux t'aider, je le ferai. Tu peux avoir confiance.

Je suis un simple chauffeur de taxi. Je ne suis pas flic, ni juge. Je suis honnête. Sain. Sans arrière-pensée. Sans arme. Voilà le message que je veux imprimer dans son cerveau. Je ne dis pas que je vais lui obéir, mais je veux lui faire comprendre que je n'ai pas l'intention de le virer par la force de mon véhicule, que je lui veux du bien, que je suis son frère, et peut-être son sauveur. J'insiste :

— Raconte-moi.

— Non, tu ne pourras pas m'aider !

J'ai été présomptueux. Pourquoi me ferait-il confiance ? Comment pourrait-il seulement accorder sa confiance à quelqu'un, à cet instant de sa vie ? Je garde mon calme. J'essaye encore, pas question de me laisser abattre si vite :

— Dis-moi ce qui se passe. Je peux appeler les pompiers ou l'ambulance pour ta mère.

— Non. C'est moi qui décide.

— Je vois que tu n'es pas bien. Qu'est-ce qui se passe ?

— Ça ne te regarde pas. J'ai rien à te dire. Tu roules je te dis, c'est tout !

On dépasse l'hôtel du Département. Un nouveau feu rouge me contraint à l'arrêt. Le bruit de sa respiration emplit l'espace vital de la voiture, comme s'il voulait me priver d'air. Je me retourne à moitié, mais je ne le vois que d'un œil. Rien de pire que d'avoir un inconnu agité dans son dos. Je préférerais l'avoir en face de moi. Mais je suis coincé. Même sans la ceinture, je ne peux pas me retourner complètement. Est-ce qu'il vient de commettre un braquage ? Ou pire ? Je le relance :

— Franchement, dis-moi ce qui se passe. »

Comme si cet homme pouvait d'un seul coup baisser la garde.

En pratiquant le karaté à haut niveau, j'ai appris à travailler la psychologie de l'adversaire. Devenu chauffeur de taxi, ça m'a sauvé plus d'une fois. Une nuit, j'ai vu monter un homme qui m'a aussitôt inquiété. Je l'ai invité à s'asseoir devant. Je préférais l'avoir à ma droite que derrière moi – un coup de couteau est si vite arrivé. Je sais ajuster ma droite : je peux envoyer un coup de poing circulaire. Et même plusieurs, je suis perfectionniste. Le client grinçait des dents. Mauvais signe. Il serrait les poings. Je lui parlais, mais il ne répondait pas. Après avoir repéré qu'il avait un chien tatoué sur chaque bras, je lui ai glissé : « Aujourd'hui, j'ai pas réussi à sortir mon chien. — T'as un chien ? — Oui. Un Malinois. — C'est vrai ? » Il a aussitôt cessé de grincer des dents. Au lieu du coup de tête auquel je m'attendais, il a réglé la course.

Je dois absolument découvrir le point faible de cet homme que je n'ai pas eu le temps de dévisager. Je voudrais établir un climat de confiance avec lui. Si c'est possible. L'amadouer. Qu'il arrête de crier, au moins.

— C'est pas tes affaires ! J'ai pas à te donner d'explications.

Je me retourne encore une fois furtivement avant que le feu passe au vert. Il transpire toujours autant, dégageant une sale odeur d'égout. Il ne donne franchement pas envie de copiner avec lui. J'ai une certaine expérience des vermines de cette espèce. Ils essayent toujours de manipuler celui qu'ils considèrent comme plus faible qu'eux. Il faut leur faire face physiquement, sinon ils te bouffent. S'ils sont en nombre supérieur, ils te piétinent. Je les vois arriver de loin, ils sentent l'alcool ou mâchent un chewing-gum. Je reconnais leur sourire entre mille. Je les flaire à 10 kilomètres. Mais celui-là, je n'ai pas pu l'éviter : il était pour moi.

À cet instant, je sens un objet pointu au niveau de mes côtes, côté droit. Un couteau ? C'est ça qu'il cachait sous sa doudoune ? Il joint la parole au geste :

— Si tu fais le malin, je t'allume.

Une arme à feu.

Il dissimulait une arme à feu. Elle est là, dans mon dos. Dans ma position, assis au volant, je ne peux rien tenter. Je suis à sa merci. À tout moment, il peut m'abattre à bout touchant.

Mon heure est arrivée. Je suis pris au piège. Qu'il fasse ce qu'il a à faire. Je ne peux pas revenir en arrière, à cette place des Moulins où il s'est glissé dans ma voiture.

Les essuie-glaces automatiques se déclenchent à intervalles réguliers sous l'effet de la bruine. Surtout, ne pas sursauter.

Dans quel bourbier je me suis mis ! J'ai chargé à bord de mon taxi le maire de Marseille, des acteurs, Yannick Noah, des footballeurs, des basketteurs, une riche Américaine qui voulait faire le tour de l'Alsace où son grand-père avait fait la guerre et rencontrer sa grand-mère. Quand j'opérais comme chauffeur pour le Conseil de l'Europe, avant de me mettre à mon compte, j'ai transporté Jean-Marie Le Pen et Rachida Dati. Mais un tueur, jamais.

Chauffeur de taxi depuis 2009, j'aime mon métier et la liberté qu'il m'offre. J'adore le contact, les gens, les rencontres. La planète entière passe dans mon taxi. J'échange avec des étudiants comme avec des hommes d'affaires. Je discute de tout avec mes clients. Je connais l'histoire de France comme celle de l'Alsace ou des États-Unis. Je peux parler vin, chevaux, golf, voitures, de Louis IX ou du général de Gaulle. J'ai appris à l'école les valeurs de la République. Je connais les usages, et il m'arrive souvent de monter les courses d'une mamie. Lui, je brûle d'envie de le neutraliser sans prendre de gants. Mais je suis coincé au volant.

Ce métier m'a permis d'élever mes enfants, de prendre mes vacances quand je le voulais et de bien gagner ma vie. J'adore conduire. La

Mercedes est à ma disposition de 18 heures à 6 heures du matin. On me paye pour rouler. 1,80 euro le kilomètre en journée, 2,40 euros la nuit. Je dois réaliser un chiffre d'affaires mensuel de plus de 6 000 euros pour pouvoir me payer correctement.

Lorsque je travaillais de jour, je me retrouvais parfois au fond des Vosges pour véhiculer un malade qui devait faire sa chimio ou sa dialyse. J'en profitais pour m'arrêter dans une ferme et ramener des œufs frais, du miel, des fruits et des légumes achetés chez le paysan. Je suis maître de mon temps. Du moins je l'ai toujours été, jusqu'à l'irruption de cet homme à la doudoune noire. Jusqu'à ce soir de décembre, je considérais que j'exerçais l'un des plus beaux métiers du monde. D'un coup, je me suis surpris à le détester.

Je me fais parfois insulter par un client, mais ça ne va jamais beaucoup plus loin. Personne ne m'a jamais touché. Le gars bourré que je refuse de charger a le droit de m'en vouloir. Tant qu'il ne lève pas la main sur moi, je laisse tomber. Une fois, j'en ai pris un qui m'a annoncé : « J'ai de la drogue sur moi, tu m'amènes de l'autre côté, en Allemagne ? » J'ai passé mon tour. Un soir, j'ai même entendu un gars me dire, à peine monté dans ma voiture avec une femme : « On a envie de faire l'amour dans votre taxi pendant que vous roulez. » J'ai refusé, là encore. Un chauffeur de taxi dépend de trois ministères : l'Intérieur, les Finances et les Transports. Je ne joue pas à ce jeu-là. J'exerce ce métier pour gagner ma vie, pas pour réaliser les fantasmes des gens. Encore moins pour qu'on vienne me triturer la hanche avec le canon d'une arme à feu.

Je suis observateur, assez normalement pour limiter les mauvaises surprises. Je détecte la personne qui va vomir sur ma banquette après une soirée arrosée ou celle qui va me faire un « taxi basket ». Je suis le genre de chauffeur qui pose des questions. Un samedi soir, j'ai pris deux clients à la sortie d'une boîte de nuit. Une belle course, 60 euros pour vingt minutes. Ils parlaient alsacien entre eux. L'un est monté à l'arrière. J'ai réglé le rétroviseur sur lui. Il faisait semblant de dormir. J'entame la discussion avec celui qui s'est assis à côté de moi. « Tu fais quoi comme métier ? — Je travaille chez Paul comme pâtissier. » On roule. Il me paye la moitié de la course. L'autre me dit qu'il va plus loin, dans le quartier de Neudorf. Il me conduit dans un cul-de-sac. Je fais marche arrière. Il ouvre la portière et part en courant. « Tu peux courir, je lui lance, je te retrouverai. » Le lundi matin, je fonce chez Paul. « Je veux le nom de ton copain et les 30 euros, sinon je fais du grabuge ici. » Je me fous de la somme, mais c'est une question de respect. Le malotru débarque et me paye sans discuter.

L'individu qui s'agite dans mon dos et répète sans cesse les mêmes phrases est d'une autre trempe. Je l'écoute à peine, sauf lorsque ça me concerne directement. Je ne veux pas m'encombrer l'esprit et reste focalisé sur l'essentiel. Le fait qu'il soit armé change complètement la donne. Un bref vertige me prend, avant que je me ressaisisse. Je suis en vie et je dois me démener pour le rester.

## 20 h 01

## « Je viens de tuer dix personnes »

— Tout droit !

Où veut-il m'emmener ? J'ai déjà chargé des clients qui avaient un itinéraire préféré. Lui dépasse les bornes. Pour le moment, il me demande d'emprunter des axes que je connais par cœur. Cela pourrait me rassurer, mais j'ai l'impression qu'il cherche à m'égarer, à noyer le poisson pour dissimuler sa véritable destination. Peut-être fait-il durer la course pour se donner le temps de récupérer, de reprendre son souffle, que je sens toujours aussi saccadé derrière ma nuque. Peut-être qu'il se prépare avant de passer à l'étape suivante.

Au croisement avec le quai Louis Pasteur, le feu vient de passer au rouge. Il est 20 h 01. Le moment qu'il choisit pour me lancer sa patate chaude, la plus sinistre nouvelle que je n'aie jamais entendue dans mon taxi.

— Tu sais pas ce que je viens de faire ? Je viens de faire un attentat. Je viens de tuer dix personnes. J'ai tué des musulmans aussi, je crois. J'ai tiré sur des militaires, je crois que j'en ai tué. Des militaires ! Ils m'ont tiré dessus. Ils m'ont touché, ces connards !

J'ai déjà eu des clients farfelus, des personnes qui sortaient de l'hôpital psychiatrique et qui débloquaient complètement. Qui me racontaient des histoires sans queue ni tête. Est-ce que je dois le classer dans cette catégorie, celle des cerveaux dérangés ? L'homme est exalté. Il hurle. J'ai l'impression qu'il dit la vérité. S'il dit vrai, je comprends à son ton qu'il est fier des horreurs qu'il vient de commettre. Il se prend pour une sorte de révolutionnaire. Puis il laisse libre cours à son euphorie :

— Ces cons, avec leurs armes de militaires, ils m'ont juste blessé. Et moi, regarde ce que je leur ai fait avec ça !

Il jubile. En me retournant, je vois l'arme dont il vient de me planter le long canon dans le flanc. Il la fait tourner autour de son doigt en levant le bras, comme un cow-boy dans un western. Il crâne. Il jouit de ce qu'il vient de faire. Il est sûr de lui. Il ne me dit pas : « Tu es musulman comme moi, je ne vais pas te faire de mal. » Non. Il suggère même plutôt le contraire. Que je pourrais y passer à mon tour. Il n'exprime pas l'ombre d'un regret. Il s'enfonce dans sa dérive sanglante et m'y entraîne avec lui. Le prochain musulman, c'est moi.

— Tu peux ranger ton arme ?

Il ne m'écoute pas. Il se prend pour Brad Pitt sur son cheval de Troie sauf qu'il ne vient pas de vaincre une armée, mais d'abattre lâchement un père sous les yeux de ses enfants.

— Tranquille, je lui dis.

— Je saigne.

Je ne relève pas, mais la tension monte d'un cran. C'est plus grave que ce que j'imaginais. Je suis piégé. Otage d'un terroriste blessé.

C'était donc ça, les pas pressés des piétons autour de la place des Moulins, ces regards inquiets, l'ombre d'une panique dans la nuit. Un nouvel attentat. Dans notre ville. Après Toulouse, Paris, Nice, encore Paris, c'était ce soir le tour de Strasbourg, frappée alors qu'elle s'émerveillait devant les lumières de Noël.

Il annonce la suite du programme :

— Tu vas me donner ton portable, ta voiture, et tu vas rester avec moi. Tu vas aller nulle part ! C'est fini pour toi ce soir.

C'est comme si j'étais frappé par la foudre. Je ne sais pas s'il prononce exactement cette phrase, mais j'entends : « Tu vas rester avec moi, on va mourir ensemble. » Je réponds le plus calmement possible :

— Si c'est la volonté de Dieu, je l'accepte. Mais je ne suis qu'un simple chauffeur de taxi.

Il hurle dans mon dos :

— Il y avait deux agents de sécurité. Je voulais leur tirer dessus. Mais comme c'étaient des Blacks, je ne savais pas s'ils étaient musulmans. Je n'ai pas tiré.

Je revois les deux hommes aperçus sur le petit pont. Ce n'est pas du cinéma. Toutes ces informations, que j'avais enregistrées en les tenant à distance, se coagulent brusquement dans mon cerveau pour former les lettres suivantes : A-T-T-E-N-T-A-T. Il vient de commettre un attentat.

Musulman ou pas, je sens que je vais y rester. C'est sûr. Où sont mes enfants ? Où est Adil, le plus petit ? Garder mon sang-froid, plus que jamais. C'est la seule consigne qui vaille.

Je vois sa main droite glisser à nouveau sous sa veste. Que manigance-t-il encore ? Il continue à crier. Ou plutôt à hurler :

— Ces *kouffars*[1], ils tuent nos frères en Syrie ! Ils tuent nos sœurs et nos familles ! Il faut tous les tuer ! Si les Arabes se mettent tous ensemble, on pourra les éliminer !

Silence.

— T'es d'accord avec eux ?

— Non.

— Si, si, ça se voit que t'es d'accord avec eux.

---

1. « Mécréant », en arabe.

Qui est-il pour me parler des « kouffars » ? Le mécréant, c'est lui. Le « kouffar », ce n'est pas le chrétien ni le bouddhiste, c'est celui qui tue au nom de la religion. Dieu n'a nul besoin d'une personne de cet acabit pour le représenter.

Le feu passe au vert. Enfermé dans sa bulle destructrice, il ne le voit même pas.

— Je vais à droite ?

— Non. Tu vas tout droit. Si tu fais ce que je te dis, il t'arrivera rien.

J'ai du mal à le croire. Il me dit qu'il a tué des musulmans, mais qu'il en a épargné d'autres. Je peine à le suivre. Cherche-t-il à semer la confusion en moi ? Il change de ton toutes les trois secondes. Je jette un coup d'œil rapide sur sa main. Il peut me tirer dessus à tout instant. Comment le maîtriser ?

Le pire serait de le contredire. De ne pas lui obéir. Je franchis le pont qui surplombe le bassin Vauban et poursuis rue Averroès. Je tente de nouveau de le faire revenir sur ma berge, celle de la raison, en lui parlant en arabe, d'une voix aussi posée que possible :

— Mais pourquoi tu as fait ça ?

— Tu la fermes et tu roules.

Peine perdue. Ne pas dire le mot de trop, celui qui pourrait me coûter la vie. Gérer le stress.

Respirer. Qui ferait confiance à un homme qui vient de tuer dix de ses semblables ? Personne.

Il avance sa main blessée sur l'accoudoir qui me sépare du siège avant droit. Il saigne abondamment. Il a été touché par une balle. Malgré la lumière qui éclairait la place des Moulins, je ne l'ai pas remarqué lorsqu'il est monté dans mon taxi. C'est peut-être ma chance. Ou l'inverse. L'adrénaline sature mon cerveau et le sien en même temps.

Je sens à nouveau le canon de l'arme s'enfoncer dans mon flanc droit.

— Tu fais le con, je t'allume.

Encore cette menace, comme le refrain d'un terrifiant mantra. Il faut impérativement que je trouve une porte de sortie. Que j'arrive à le faire descendre de ma voiture. D'une manière ou d'une autre, je dois me débarrasser de ce type.

Comment s'est-il retrouvé là, dans *mon* taxi ? Je rembobine le fil de ce début de semaine qui pourrait être ma dernière. Hier, Rabia, ma femme, me réveille à 7 h 30 après une courte nuit – je suis rentré du travail à 2 heures du matin le dimanche soir. Elle me passe au téléphone Bouchra, une femme qui travaille avec nous dans le commerce des épices, une société que j'ai montée avec ma fille et en laquelle je crois beaucoup. Bouchra est en pleurs. « Je viens de perdre mon frère et ma belle-sœur dans un incendie en Sicile, me raconte-t-elle. Il a sauvé ses deux enfants, puis il est retourné chercher sa femme dans l'immeuble en feu. » Elle sanglote. Je raccroche. « On va la voir. » Ma femme acquiesce. Je prends ma voiture. On essaye de commander des billets pour Palerme, pour elle, sa maman et son fils. Pas de place. On se rabat sur le train. Je compte lancer une quête parmi les collègues, on a l'habitude de se cotiser entre nous pour les enterrements. C'est la solidarité des taxis…

Ce matin, l'idée me vient d'organiser le soir même un dîner de Noël en famille. L'enseigne Super U voudrait signer un contrat avec nous en vue d'installer nos épices dans 211 magasins, une nouvelle inespérée qui mérite d'être discutée entre nous. Ma femme est plutôt partante. Alors que nous passons par notre petit laboratoire, non loin de la maison, le téléphone sonne dans ma poche. Je ne réponds pas. Il sonne à nouveau. « Réponds ! » me lance Rabia en riant. « C'est une soirée parlementaire, on a besoin de toi » me dit l'un de mes collègues. J'hésite. « Va bosser, tu aimes ça » embraye ma femme. On remet notre dîner familial à un autre jour.

Je retourne à la maison, me rase de près, me parfume et m'habille de ma tenue habituelle : chemise blanche, gilet à capuche bleu marine, veste matelassée, jean et baskets de couleur noire. À la fois relax et bien habillé. Relax parce que j'ai besoin d'être à l'aise si c'est une longue course. Bien habillé parce qu'un chauffeur de taxi se doit d'être présentable, comme sa voiture. Je prends avec moi un sac à dos avec un fond de caisse, environ 150 euros, une boîte de Doliprane, un fruit, un paquet de gâteaux et une bouteille d'eau.

Je dépose ma voiture personnelle à proximité de la station de la rue des Bonnes-Gens, à 7 kilomètres de chez moi. Le taxi est prêt à 18 heures, le collègue avec lequel je le partage est toujours ponctuel. La session parlementaire ne se termine jamais avant 20 heures, parfois plus tard. Je roule jusqu'à la gare. Je prends une cliente. La dépose à 200 mètres du Parlement, que je rejoins. Douze députés se présentent en même temps sur le trottoir. Un collègue en charge quatre. Moi, quatre autres. Il est 19 h 44. Ils vont tous au même endroit : le Pont Saint Martin, un restaurant alsacien mythique, spécialiste de la choucroute.

J'envoie un SMS à mon collègue et ami Djamel, afin qu'il se rapproche : « Ça charge à l'IPE 4 » – nous désignons sous cette abréviation l'entrée principale du Parlement européen.

Plus vite on dépose, plus vite on prend une autre course. C'est la devise des taxis. Je reste dans la roue du collègue qui a chargé les quatre premiers. Il choisit l'autoroute. J'aurais pris les quais, mais je le suis. Les députés italiens parlent fort. Je coupe la radio. À 600 mètres de la destination, le feu est orange. Le collègue accélère. Je m'arrête. J'ai le choix : déposer les clients à 200 mètres, contourner par une ruelle et les déposer à 50 mètres, ou sortir le badge, entrer dans la zone piétonne et les déposer à 20 mètres. Il pleut. Je choisis la troisième option, la plus confortable pour eux. Petite marche arrière pour me garer au plus près. Je récupère deux billets de 5 euros et un billet de 10 euros. J'imprime le ticket de caisse. Je lève les yeux et croise le regard sombre de l'homme qui est maintenant assis derrière moi.

La pulsion de mort dormait en lui comme un cancer. Comme d'autres fous furieux avant lui, il est passé à l'acte. Où se niche l'honneur de celui qui tue des femmes et des enfants ? Un terroriste pourrait éliminer, j'en suis sûr, jusqu'à sa propre mère. Pour faire ça, il a forcément un problème. Quelqu'un lui a lessivé le cerveau.

Si je ne l'avais pas pris à bord, il aurait certainement continué à tuer. Les taxis ont toujours été les yeux et les oreilles de la police, mais à présent je viens d'entrer dans une autre dimension : j'ai embarqué l'assassin.

# 20 h 02

## « Tu es musulman ? »

Au milieu de cette éternité, l'heure s'affiche sur le tableau de bord de la Mercedes, sur la radio, sur l'écran de mon téléphone, accroché par un aimant, et sur le rétroviseur, à côté du montant de la course. 20 h 02. Déjà quatre minutes qu'il campe dans mon dos. Un journaliste inventera, plus tard, qu'un chapelet musulman était accroché au rétroviseur intérieur de mon taxi. Il n'existait que dans ses fantasmes : le chauffeur étant arabe, l'amalgame était au bout de sa plume. Rien ne doit personnaliser l'habitacle. Aucune décoration. Ainsi le veut notre règlement.

En temps normal, je mets le manche en position « neutre » quand je patiente devant un feu rouge – la Mercedes est équipée d'une boîte de vitesses automatique. Mais depuis qu'il est monté à bord, j'évite le point mort. Je reste sur D (« démarrer »). Le pied sur le frein lorsque je dois m'arrêter, je veux conserver le plus de réactivité possible.

Tous mes sens sont en éveil, à l'affût, tandis que se diffuse dans la voiture une odeur de sang frais et de transpiration. Je suis tellement absorbé par ce qui m'accable que j'en oublie presque de démarrer au vert. J'appuie doucement sur l'accélérateur, tout en continuant à jauger l'individu qui m'observe. Sa voix n'est pas pâteuse, elle est même plutôt nette. Elle porte et ne tremble pas. Il ne s'exprime pas dans un français soutenu, mais ne bute pas sur les mots. Une chose me paraît claire : il va essayer de m'utiliser pour parvenir à ses fins, encore mystérieuses à mes yeux.

Il mène la barque, garde le contrôle de la situation, de sa vie et de la mienne. Lui sait où il va. Pas moi. Il se retourne souvent pour vérifier si une voiture nous suit. Moi, je n'ai jamais autant utilisé mes rétroviseurs du regard. Il est aux aguets et il m'épie. Je sens ses yeux dans mon dos. Chacun a l'autre en ligne de mire, mais lui a un avantage : il est derrière moi.

Il tapote mon épaule droite avec le canon de son arme. C'est sa façon de maintenir la pression. Est-ce un revolver ou un pistolet automatique ? Je n'ai pas encore réussi à le déterminer. Avec un revolver, on peut tirer jusqu'à six coups. Après, il faut le recharger. Le temps qu'il cherche les balles dans ses poches, je peux prendre le dessus. Si c'est un automatique, le chargeur contient plus de balles : 12, peut-être 15.

Nous sommes rue Averroès. Probablement a-t-il aperçu dans la nuit le dôme de la grande mosquée de Strasbourg sur la droite, qui se trouve maintenant dans notre dos.

— T'es musulman ? s'enquiert-il.

— Oui.

— Est-ce que tu trouves que c'est bien ce qu'ils font ? Est-ce que tu trouves que c'est bien ce que font les mécréants ?

Il enfonce maintenant son arme dans mes côtes, histoire de bien incruster sa présence jusque dans ma chair. « S'il approche ce canon de ma tempe, je lui casse le bras en deux. Du moins j'essaierai, car il ne faudrait surtout pas que je me rate. »

Réfléchir, mais pas trop. Ne pas tarder à lui répondre. Il pourrait prendre ce temps pour une hésitation. Ou une désapprobation. Danger. D'ailleurs, si je ne veux pas précipiter les choses, je n'ai pas trop le choix de la réponse :

— Non, ce n'est pas bien ce qu'ils font.

Mon ton ne l'a pas convaincu. Il crie :

— T'es d'accord avec eux !

— Non, je ne suis pas d'accord avec eux.

— Si, t'es d'accord avec eux ! Ça se voit que t'es d'accord avec eux !

Il me triture de nouveau les côtes avec le canon. Une moitié de mon cerveau cherche une issue, l'autre reste mobilisée pour lui donner la réplique.

— Non, moi je suis d'accord avec toi. Si t'as fait ça, c'est que t'avais tes raisons. Je n'ai pas à te juger.

Comment endiguer ses soupçons ?

La chaleur qui traverse mon corps est celle qui précède la froideur de la mort. Elle est là. Elle m'attrape. Je récite en silence la prière de celui qui va mourir. La Chahada. « Je témoigne qu'il n'y a pas de Dieu en dehors de Dieu et que Mohammed est Son prophète et Son envoyé. » Je lui demande pardon pour les péchés que j'ai commis. Je l'implore de m'ouvrir les portes du paradis. Je prie mes enfants et ma femme de me pardonner si je leur ai fait du mal. « Mina, maman, que Dieu me pardonne si je t'ai fait quelque chose de mal. »

La chaleur m'envahit, mais je ne transpire pas. Je prie en essayant de contenir mon émotion. Je suis prêt à mourir, mais je vais néanmoins tout tenter pour rester en vie. Pour réussir à m'évader de ce taxi transformé en traquenard.

Voilà trente secondes que je prie en silence. Je n'entends plus rien de ce qu'il dit, des mots qu'il enchaîne pour chasser le silence. Mes lèvres bougent-elles malgré moi ?

— Est-ce que tu fais tes prières ? Tu fais tes prières ?

— Oui, je fais mes prières. Je suis croyant et pratiquant. Je fais mon Ramadan. Je suis un bon musulman.

— Alors fais des prières pour moi. Fais des *douâas*[1] pour moi.

— Pas de soucis, pas de problème.

Obéir encore. Je ne peux rien esquiver, encore moins la mort qui vient. Je prie. Pas pour lui, mais pour les miens. En guettant la détonation. Mon islam n'est pas le sien. Le mien est droit dans ses bottes. Il est dans mon cœur, entre moi et Dieu. Loin de toute provocation. C'est le vrai islam. Celui de nos parents, qu'il faut lire en arabe. Demander à Dieu de lui venir en aide, il ne manquerait plus que ça ! Comme si Dieu ou son prophète étaient d'accord avec ce qu'il vient de faire. Il me parle de religion, mais la religion ne dit pas : prends une arme, sors dans la rue et tue au hasard. Dieu ne distribue pas des passeports de tueur.

Nouveau feu rouge, le cinquième, à la hauteur du restaurant Le Cannibale, alors que la rue Averroès a cédé la place à la rue de la Plaine-des-Bouchers.

— Je prends à gauche ou tout droit ?

1. « Invocations », en arabe.

— Tu vas à gauche !

Tout droit, ce serait plein sud par la rue du Doubs, en longeant le bassin Vauban. À gauche, on poursuit par la rue de la Plaine-des-Bouchers, qui repique un peu plus loin vers le sud, elle aussi. Je cherche vainement la logique de son itinéraire.

*

La rue est déserte. Pas un appel de phares. Pas un coup de klaxon lorsque je m'attarde un peu trop à la hauteur d'un feu. Pas un bus, pas une voiture. Je saurai plus tard que les chauffeurs de taxi ont tous été réquisitionnés pour ramener les gens chez eux gratuitement, à quatre par voiture s'il le fallait. Il me relance :

— Si tous les musulmans se mettaient ensemble…

Comme si je pouvais subitement rejoindre son camp.

Parler sans cesse fait partie de sa stratégie. C'est mauvais signe, un tel débit. Il parle pour m'égarer, pour m'embrouiller. Mon cerveau se barricade. Mon corps se met en boule comme pour se protéger d'un feu de forêt.

Est-il mon dernier passager ? Est-ce que je pourrai continuer à travailler comme taxi après lui ? Il faudrait déjà que j'en sorte vivant.

Impérativement. La force divine est de mon côté. Je sens que Dieu me soutient au cœur de cette soirée hivernale qui n'en finit pas.

Je suis prisonnier de mon propre taxi, mais je dispose d'un atout qui n'est visiblement pas son point fort : la patience. Un chauffeur de taxi impatient court le risque de se bagarrer au moins une fois par jour. L'attente est inhérente à notre métier. On peut attendre pendant plusieurs heures à proximité d'une gare et terminer par faire trois courses à 10 euros ou une course qui remplit la caisse. Une petite course peut en cacher une belle, se dit-on entre nous pour se motiver. Ce soir, c'est plutôt la course de la mort.

Je suis l'otage d'une racaille de la pire espèce. Pourquoi donc des jeunes issus de l'immigration en viennent-ils à s'attaquer à leur propre mère, la France ? Pourquoi se retournent-ils contre cette patrie qui les a pris sous son aile et les a élevés ? Pourquoi agissent-ils comme s'ils étranglaient celle qui les a enfantés dans son lit ? La France leur offre tout ce qu'il y a de plus beau, et un jour, ils descendent dans la rue en appelant à la mort des « mécréants ».

Une épée de Damoclès flottait au-dessus de Strasbourg depuis l'attentat déjoué contre la cathédrale durant l'hiver 2000. Les terroristes, des Algériens venus d'Allemagne, avaient été démasqués à temps. Puis l'homme assis derrière moi est arrivé, avec sa soif d'exister, son identité volatile, sa colère contre ce pays qu'il accuse de ses propres échecs. Plus tard, j'apprendrai qu'il avait fait l'objet de nombreuses condamnations par des tribunaux français, suisses et allemands, mais s'en était sorti avec un total de 143 jours de prison. Aussitôt, la question surgira : aurait-il tué comme il l'a fait s'il avait passé ne serait-ce que six mois d'affilée sous les verrous ?

Il vient de produire un effort colossal. Je comprends mieux son état, la sueur et cette fébrilité qu'il ne peut dissimuler.

Il manipule son revolver dans tous les sens. Sa doudoune crisse sans cesse sur le cuir de la banquette. Que mijote-t-il ? Va-t-il sortir une grenade de son chapeau ? Comme un flash, m'assaille une image : celle des terroristes vidant les chargeurs de leurs armes automatiques dans la fosse du Bataclan. Déterminés, sûrs d'eux, assoiffés de sang, imbibés de haine, prêts à mêler leur mort à celles de mélomanes désarmés.

Il vient de tuer je ne sais combien de personnes. Il a tiré sur des militaires équipés de Famas. Il écrit la dernière page de sa vie. Il a juste une envie folle qu'on parle de lui, comme il l'a confié à l'homme qui lui a fourni son arme : « Tu verras, on va parler de moi sur BFM TV. » Il se concentre sur sa dernière volonté : une minute de notoriété. Il mise tout sur la force pour arracher cet instant où, malgré son absolue stupidité, il sera le roi du monde. Où son visage, il le sait, s'affichera sur les écrans de télé et les portables du monde entier, gloire aussi vaine qu'éphémère.

Pour survivre, je dois lui donner raison, l'amadouer en attendant d'identifier son point faible, sa faille. Tout en m'efforçant de contenir cette inquiétude qui, dans l'échelle des couleurs, est en train de virer au rouge vif. S'il y a un millimètre de chance de m'en sortir, je la saisirai. Je devrai me montrer chirurgical. J'hésiterai d'autant moins que je ne lui octroie aucune excuse, aucun mérite, aucun autre titre que celui de tueur.

# 20 h 05

## Je suis un simple chauffeur de taxi

— Regarde ce que je leur ai fait, à ces chiens, regarde ce que je leur ai fait avec cette arme !

Il répète cette phrase qui le galvanise, mais une autre tourne en boucle dans mon cerveau : « Je crois que j'ai tué des musulmans. » Le prochain musulman, c'est moi.

Cette perspective n'obère cependant pas toutes mes facultés d'analyse. Je parviens à décortiquer la situation. Si j'étais tétanisé, je ne pourrais même plus conduire. Rouler, c'est rester en vie.

Sa bouche se tord dans un rictus diabolique. Il jouit des crimes qu'il vient de commettre. Il ne manifeste aucune once de remords quand il crie qu'il a *buté* des musulmans. Il assume. Il veut terminer sa « mission ». Une patrouille de police aurait débarqué place des Moulins, il aurait parachevé son carnage. Mais c'est Mostafa, le chauffeur de taxi, qui s'est présenté.

Cinq ans après l'attentat qu'il a perpétré contre des militaires français puis dans une école juive, à Toulouse, Mohamed Merah a un nouvel émule. Un monstre du même acabit que ceux qui ont frappé en 2015, de *Charlie Hebdo* au Bataclan, en passant par l'hyper-casher de la porte de Vincennes. Comment peut-on s'attaquer à des gens dans le métro, à une terrasse de café ou sur un marché de Noël ? C'est toujours le peuple qui trinque. Ça n'a pas de sens.

« Affame ton chien, il te suivra toujours », dit un dicton arabe. Mais si tu lui donnes à manger tous les jours, il peut finir par te mordre. La France leur a trop donné. Issu d'une famille qui a participé à la Seconde Guerre mondiale et à la guerre d'Indochine sous le drapeau français, mon père a pleuré à l'idée que l'on s'en prenne à ce pays, lors des attentats de 2015.

Plusieurs fois déjà, je m'étais demandé quelle serait ma réaction si j'étais pris dans un attentat, ciblé par un de ces monstres. Je m'étais dit : « Si jamais je tombe sur un type en train de tirer, je fonce sur lui avec mon taxi. » Ce serait conforme à ma nature. Je ne le laisserais pas faire. Sauf qu'il est maintenant sur ma banquette arrière. En chair et en os.

Je tiens le volant de la main droite. La gauche est aimantée par la clenche qui permet d'ouvrir la portière ; à l'arrêt, pied sur le frein, je veille à garder les deux mains libres, au cas où je devrais me défendre.

Ma propre capacité de réflexion me surprend. Sous la menace d'une arme, je développe dans cet habitacle un puissant instinct de survie. Je dois maîtriser à la fois le diable, le véhicule, l'inquiétude qui monte, pour moi, mais surtout pour ma famille, et les mauvaises nouvelles qu'il distille au compte-gouttes comme un poison.

Pas question de rester sous la coupe de ce type qui sue, s'agite et crie sans rien tenter. Comment le neutraliser ? Me débarrasser de lui ? Pour le moment, je n'ai pas d'autre arme que ma langue et mon cerveau. Choisir l'affrontement physique et foncer tête baissée serait suicidaire. J'ai trois options :

Plan A. Je freine brusquement. Son corps est précipité vers l'avant, au niveau de l'accoudoir central. Je l'étrangle.

Plan B. Je lance ma voiture contre un mur. En espérant l'éjecter. Mais le fait que je n'attache jamais ma ceinture de sécurité pourrait me mettre en danger.

Plan C. Je saute du véhicule en route. Le fait que ma ceinture ne soit pas attachée serait dans ce cas de figure un atout.

Dans tous les cas, le risque de mourir reste très élevé. Je dois impérativement trouver le moyen de le *geler*. Et je ne peux compter que sur moi :

l'irruption d'une voiture de police déclencherait aussitôt un carnage.

Plus cette course non consentie traîne, plus le risque croît. Je me demande si cette tension de tous mes membres, de tous mes muscles, de tous mes nerfs, se relâchera un jour. Ou si je resterai toute ma vie dans cet état de vigilance absolue, dans l'incapacité d'atteindre le répit, le repos, la confiance, la sérénité. À guetter le danger derrière le moindre silence.

*

Je reviens vers lui avec une phrase simple, sans faire de plans sur la comète :

— Je suis un simple chauffeur de taxi. Je vais te ramener chez ta maman.

Je sais maintenant que cette histoire de mère malade est un leurre. Peut-être n'habite-t-elle même pas le Neudorf. J'y ai cru pendant une minute. Mais ça n'était pas cohérent avec le reste de son attitude. Tout ça n'était qu'un prétexte pour que je l'amène dans ce secteur. Il était en pleine tuerie lorsqu'il est tombé sur mon taxi, porte ouverte. Il n'avait pas de plan de repli. Il a improvisé.

Je suis certain qu'il n'a pas choisi au hasard cette heure bâtarde. Le marché de Noël ferme à 20 heures. À partir de 19 h 30, les allées se vident. Les vigiles sont moins concentrés. Les policiers se préparent à la relève. Il est arrivé pile au moment où je venais de déposer mes clients. Il pensait certainement ne pas s'en sortir vivant. Il n'avait pas anticipé ce bonus, ce rab de vie.

Sa mère. Sa maman. Elle l'a porté neuf mois dans son ventre, et maintenant il se sert d'elle. Je pourrais aller sur ce terrain, mais c'est prendre le risque de déterrer une hache invisible. Dans la culture musulmane, on est très attaché à la mère. Je pourrais lui dire : « Pense à ta maman malade, ne la contrarie pas. » Ou : « Ta mère pourrait mourir si elle apprenait ce que t'as fait. » Tout ça me traverse l'esprit, j'ai ces phrases sur le bout de la langue. Mais je m'abstiens.

Je ne dois pas le contrarier. Lui parler de sa mère pourrait se révéler dangereux. Le simple fait de lui demander le prénom de sa mère pourrait le braquer, sur le mode : « Pourquoi tu me parles d'elle ? Tu la connais ? T'as gardé les moutons avec elle ? » Je suis convaincu que même sa propre mère ne saurait pas le raisonner. Personne ne pourrait d'ailleurs. À défaut d'avoir l'opportunité de le maîtriser, mieux vaut le flatter, « oui, tu as raison », tout en gardant une bonne distance, « cela ne regarde que toi ». Espérer assouplir un peu ses défenses avant de marquer un *waza ari*, un de ces points précieux qui ponctuent les combats de karaté, ou encore mieux, un *ippon*.

Je me souviens parfaitement de ce jour d'août 1981 où nous avons rejoint mon père en Alsace, avec ma mère et mes quatre frères et sœurs. J'avais 10 ans. J'ai appris le français et je me suis fait de nouveaux copains. J'ai découvert la neige. Je me suis adapté et j'ai été apprécié par mes professeurs. J'aurais rêvé de suivre un meilleur cursus scolaire, j'aurais voulu être juge ou avocat pour combattre l'injustice, mais mon père n'avait pas les moyens de financer nos études. J'ai essayé la chaudronnerie. Pas mon truc. Puis j'ai fait une école de marine fluviale pour travailler comme matelot sur des péniches…

Mais ce n'est pas à moi que je pense en cet instant où ma vie bascule. Je vois les visages de mes enfants défiler devant mes yeux. Marwane. Ines. Rayan. Naïma. Adil. Le premier, celui qui s'apprête à devenir policier, est né quand j'avais 21 ans. Je me suis séparé de sa maman, mais je continue de le voir régulièrement. J'ai rencontré Rabia en 1995. Notre première fille est née deux ans plus tard. Elle est mon associée dans notre commerce d'épices. Rayan est né en 2000. Notre deuxième fille en 2002. Elle est footballeuse, comme j'aurais pu l'être moi-même. Le dernier a 8 ans. Moi, j'en ai 48 et je me prépare à mourir. Je leur dis au revoir. « Mostafa, ton heure est arrivée. Tu vas rejoindre Dieu. Fais ce que tu as appris à l'école coranique. Demande pardon à ceux que tu aimes. »

Si on continue dans cette direction, toujours tout droit, on débouche sur le Neuhof, un nid de faits divers. Entre taxis, on l'appelle le « quartier haut les mains ». Il a toujours été gangrené par la pègre. Un copain du bandit Jacques Mesrine habitait dans le coin. À l'époque, la police évitait soigneusement le secteur. La réputation des lieux a été entretenue depuis. Au-delà, on passe en Allemagne. Juste avant, il y a une grande forêt. J'ai compris. C'est là qu'il veut m'amener. Nous y serons dans quelques minutes. Il va me faire descendre de la voiture, je vais parcourir quelques mètres et il va m'exécuter. Je ne serai pas le premier à finir dans ce bois qui jouxte le Rhin.

Je suis emporté par un tsunami qui balaye tout sur son passage. Alors que je navigue à vue vers mes derniers instants, lui sait parfaitement ce qu'il fait. Il ne pleure pas, ou alors ses larmes sont sèches, invisibles dans le reflet du rétroviscur. Sa folie meurtrière ne s'arrêtera pas là. Il veut mourir les armes à la main. Il doit d'ailleurs être surpris d'être encore en vie.

Je sens la haine monter en moi. Je prie, mais ne compte pas me laisser faire. Depuis mon plus jeune âge, je me suis toujours battu. J'ai grandi à la campagne au milieu des chèvres et des vaches, j'ai puisé dans mes réserves pour apprendre le français lors de notre arrivée en Alsace. Ce n'est pas la première épreuve que je traverse et je compte bien avoir le dessus mentalement, si ce n'est physiquement. L'option consistant à me mettre à genoux pour lui demander de m'épargner ne m'effleure même pas.

# 20 h 05

## Je n'ai pas le temps de trembler

Montrer un visage calme malgré l'angoisse. Tout faire pour que mon passager baisse en température. Je me répète mes propres consignes, à commencer par celle-ci : aller dans le sens de ce « terroriste », car il faut bien me résoudre à l'appeler ainsi. Lui dire amen. Oui, c'est bien ça : « Amen ». Jouer l'apaisement pour garantir ma sécurité. Lui répéter ce message simple en espérant le convaincre :

— Je ne te juge pas. C'est entre toi et Dieu.

Avec les feux rouges, les secondes s'accumulent, tandis qu'une affreuse odeur d'égout monte dans la voiture. Il sent la mort. Une odeur infecte. Je n'ose pas baisser la fenêtre, redoutant qu'il interprète mal mon geste. Je suis en alerte maximale. Lui aussi, qui regarde à droite, à gauche, derrière, devant, comme un animal traqué. Est-ce que je viens enfin de marquer un point ? Il reste silencieux.

J'ai envie de fracasser cet homme. De le réduire en miettes. De le mettre KO. Il est mal tombé, car je suis ceinture noire de karaté depuis 1988. Quand je voyais mes copains d'école se faire racketter par des jeunes des quartiers pour un pain au chocolat, je démarrais au quart de tour. J'ai toujours détesté l'injustice. Ma spécialité, c'est le balayage : faire chuter l'adversaire en le touchant aux jambes. Je suis un fan inconditionnel de Bruce Lee depuis mes 8 ans. J'ai vu tous ses films. Vu et revu *La Fureur du dragon* et *La Fureur de vaincre*. Une révélation. Je me suis mis à marcher comme lui, à crier comme lui. J'ai mimé ses gestes à l'infini, jusqu'à les maîtriser. J'ai été un bon disciple. Je l'ai suivi à la lettre. Ça avait beau être du cinéma, le big boss portait vraiment les coups, contrôlant sa puissance. Il effectuait lui-même ses cascades, comme Belmondo, un autre justicier boxeur, karatéka et cascadeur. Bruce Lee était sûr de lui. Il ne tremblait pas. Le tout avec classe. Toute une jeunesse arabe a été marquée par ce héros venu de l'Occident. On se référait davantage à lui qu'aux lointaines figures de l'histoire marocaine. Il nous ressemblait. Il défendait toujours la bonne cause. Capable de massacrer d'un seul coup une dizaine de personnes, il rendait justice aux plus faibles, comme dans *Le Frelon vert*, son premier film. Un jour, c'était ma conviction, je deviendrais Bruce Lee.

Mon père a voulu me canaliser. À 13 ans, il m'a inscrit au complexe sportif Léo Lagrange, à Schiltigheim, cette ville de brasseurs où nous habitions. La loi du plus fort, je l'ai comprise dès l'enfance. Premier combat kimono sur les épaules, je mets le gars par terre. « Tu as déjà fait du karaté ? me demande le maître, Samedy Sivathana, un Cambodgien, ceinture noire 4e dan. – Non. – Si tu continues comme ça, t'iras très loin ! » Raide comme un piquet au début, je suis bientôt capable de lever la jambe au-dessus de l'épaule de mon adversaire, et même de réussir le grand écart facial. J'ai débuté la compétition en 1985. Plus d'une fois, je suis monté sur le podium pour y entonner *La Marseillaise*. J'ai été champion du Bas-Rhin, puis champion d'Alsace en équipe. D'abord en catégorie 70 kg, puis en 75-80 kg à partir de 1997. Je me suis mis à la boxe anglaise pour améliorer ma rapidité et augmenter ma puissance. J'ai travaillé les esquives avec un coach chilien. J'ai appris à chercher l'énergie au fond de moi. Mais il y a une différence entre ce terroriste et mes adversaires sur le tatami : au terme du combat, le perdant accepte le verdict. Il ne revient pas cinq minutes après avec une arme à la main en disant : « Maintenant tu fais moins le malin ! »

Ce salaud est tombé sur un sportif rompu aux affrontements. Mais je ne suis pas dans la position idéale. Bloqué à l'avant de la voiture, je n'ai pas beaucoup de marge de manœuvre. Je manque cruellement de visibilité. Je redoute ce qu'il pourrait tenter dans mon dos, mais je n'ai pas le temps de trembler. Ni le droit. Je ne m'effondre pas, alimenté par cette énergie que j'ai appris à puiser au gré de courses à pied de plus de deux heures à travers les collines. Ce fameux *deuxième souffle*, comme l'appellent les sportifs, celui qui prend le relais quand les batteries semblent à plat.

Je garde le secret espoir de parvenir à le maîtriser. Combien de fois ai-je ramené l'ordre quand j'exerçais comme physionomiste ? S'il y a bien une expérience qui peut m'aider ce soir, c'est celle-ci. J'ai été chef de la sécurité dans une boîte de nuit jusqu'à mes 40 ans. Dix-huit hommes sous mes ordres. Je formais un tandem bien rodé avec Boualem, mon second, 5e dan de judo. Nous étions respectés par les jeunes des quartiers. La nuit, les cas difficiles ne manquaient pas. Les armes n'étaient jamais loin.

Comme avec cet ancien militaire, adepte de chants hitlériens. Prévenu de la virulence du personnage, je mets les pendules à l'heure dès notre première rencontre : « Du moment où t'entres dans la boîte, t'es sous ma responsabilité. Tant que tu te tiens à carreaux, t'es le bienvenu. » Un an plus tard, il siffle une bouteille de whisky avec deux amis, chante en allemand et traite de « sale nègre » un de mes hommes. Je vais le voir, suivi de mon judoka. Je le saisis à la gorge et le jette dehors par la porte de secours. « Tu ne remets plus les pieds ici. » Il revient à la fermeture de la boîte. Je crois d'abord à l'irruption d'un braqueur, mais c'est bien lui. Mon ami lui fait un étranglement. Il avait dans sa voiture un fusil chargé, balles enclenchées. Je le neutralise et on appelle les gendarmes.

À l'entrée de la discothèque, je vérifiais les poches des clients en cas de doute. Celui à qui ça ne plaisait pas restait dehors. Si nécessaire, en deux secondes, je balayais. Un jour, j'ai vu arriver un individu connu comme dealer. « Pas de ça chez nous », je lui fais comprendre. Quelques minutes plus tard, le revoilà avec un « collègue » qui ouvre un couteau. Ils échangent quelques mots en berbère. Ce n'est pas ma langue, mais j'ai assez de vocabulaire pour intervenir. « Tu m'as amené ici pour planter un Berbère comme moi ? » demande le « collègue » à son ami. Ils sont repartis comme ils étaient venus, la queue entre les jambes.

Ces multiples situations rencontrées en tant que responsable de la sécurité des établissements de nuit me permettent de ne pas baisser la tête ce soir. Les mésaventures ont forgé mon sang-froid. Plus je me trouve en difficulté, plus je suis performant. Mais ce soir je découvre mes limites. Celui qui s'agite dans mon dos n'a rien à perdre. Il me pousse vers des extrémités jamais fréquentées. Il est mon pire ennemi et je dois lui faire croire que je lui veux du bien. Que je suis de son côté. Qu'il a certainement ses raisons et qu'elles ne sont pas irrecevables. Elles le sont, en réalité, mais ce serait un risque considérable de le lui dire frontalement.

*

Un jour, un ami karatéka m'a raconté qu'il avait donné ses chaussures à quelqu'un qui avait voulu l'agresser avec un couteau dans le métro. « Pourquoi tu l'as pas shooté ? », lui ai-je demandé. Sa réponse respirait le bon sens : « T'es fou, tu veux que je me retrouve au tribunal ? » J'en ai fait l'expérience moi-même. Alors que je m'étais servi de mes mains pour me défendre, le juge m'a fait la leçon : « Vous ne devez pas vous faire justice vous-même. Vous devez appeler les gendarmes. » Le prenant au pied de la lettre, je lui ai rétorqué : « À quel moment dois-je les appeler, monsieur le juge ? Depuis mon lit d'hôpital ? » J'ai vécu cette comparution comme une injustice. En clair, tant que la police n'est pas là, on devrait se laisser piétiner. Se laisser mourir.

En l'occurrence, je n'ai aucune envie de contacter la police. D'ailleurs, je vois mal comment je m'y prendrais. Je suis même terrifié à l'idée d'être arrêté par une patrouille. J'imagine le pire scénario se produire. Je ne contrôlerais plus rien. Ils ne feraient pas de quartier. Ils nous abattraient tous les deux.

Non, je dois gérer seul. Tôt ou tard, je vais le bouffer, tandis qu'avec la police je n'ai aucune chance de m'en sortir. Arabe comme lui, je passerais à leurs yeux pour un potentiel complice. Le RAID négocie, le GIGN aussi, mais si je tombe sur une patrouille, ce sera la panique. Ils vont vider leurs chargeurs sans faire de différence. Avec ses rétroviseurs extérieurs gris chromés, ma Mercedes noire est malheureusement trop facile à repérer, d'autant que je suis le seul des 280 taxis recensés à Strasbourg à être équipé ainsi. Mes rétroviseurs font de nous une cible roulante.

Je suis avec le diable en personne mais je redoute l'intervention de la police. Un comble. Pourtant, c'est clair : je n'ai pas le choix, je dois résoudre le problème moi-même. Si j'entrevois un gyrophare, j'accélérerai. Ils ne rattraperont pas une voiture aussi puissante.

Le compteur tourne. Le montant de la course s'affiche dans le haut du rétroviseur, mais ce n'est pas ma priorité. Ces minutes me paraissent longues comme des heures. J'ai l'impression que mon cœur peut me lâcher à n'importe quel moment. Mon cerveau risque de partir en vrille. Je dois à tout prix rester solide.

Je suis aux commandes d'un avion de chasse envoyé à Mach Plus 2 sans y avoir été préparé. Je vomis toutes mes tripes. Sans bruit. En silence. Au figuré bien sûr. Si j'ouvre la porte à la faveur d'un stop ou d'un feu rouge et que je me mets à courir, il me tire une balle dans le dos. Si je saute de la voiture en marche, avec mes 105 kilos, c'est le macadam qui aura raison de moi. Il n'aura plus qu'à m'achever. Il veut que je roule plus vite ? Eh bien je vais l'écouter. Je vais me crasher contre un mur. « Attention Mostafa, attention, tu n'as pas ta ceinture de sécurité. »

Je m'épuise en calculs infinis. Je le fais pour moi, mais aussi pour sauver des vies et pour mon pays. Je ne veux pas le laisser gagner. Faire face est un impératif. Tout en affichant un air décontracté et une voix calme pour ne pas l'affoler. Au contraire de lui, je gère ma parole et je n'agite pas mes mains dans tous les sens. Je ne m'encombre même plus de ses élucubrations au sujet des actes qu'il vient de commettre.

Je sais bien que je ne suis qu'une pièce insignifiante dans son circuit mortifère, mais je ne veux pas mourir comme un lâche. Je me battrai. Mais je n'ai plus 20 ans et je ne suis pas Bruce Lee. Je ne m'entraîne plus quatre heures par jour. J'ai arrêté la compétition le jour où j'ai séché trop brutalement un jeune qui cherchait à me faire mal. « Punaise, à 48 ans tu bouges comme un gamin ! » me disait il n'y a pas si longtemps mon ami Franco, qui tient une salle de karaté.

Bouger n'est pas tout. « Le karaté sème en vous » répétait l'un de mes professeurs. Même épuisé, je reste conscient de ce que je subis. La chance que j'ai, c'est que je ne sais pas que le terroriste a tué quelqu'un à 19 h 56, deux minutes exactement avant de monter dans mon taxi, puis visé un passant à 19 h 57, avant de se dissimuler derrière la camionnette blanche pour recharger son arme.

Le karaté a « semé » en moi. Il sommeille en moi. Avec ma main, je peux tuer quelqu'un. Avec le coude aussi, ou avec le pied. On appelle ça « l'arme de la main vide ». Je m'en servirai en cas de besoin le moment venu. J'espère que ce ne sera pas mon dernier combat. En attendant, je ne lâche rien. J'épie sa respiration, j'observe les mouvements de sa tête, qui tourne comme une girouette affolée par la tornade. Je dois trouver le mot juste pour éviter la confrontation brutale. Mais ce mot existe-t-il ?

# 20 h 06

## Je meurs d'envie de déguerpir

Nouveau feu rouge.

— Je continue tout droit ?

— Non ! Tu tournes à gauche !

Je roule à 45 km/h le long de l'interminable rue de la Plaine-des-Bouchers. Toujours cette envie de gagner du temps sur la vie. Le froid, la nuit, la bruine et la terrible nouvelle qui doit se répandre sur les ondes et les réseaux sociaux semblent avoir fait fuir tous les automobilistes. J'ignore toujours où le terroriste veut que je le conduise.

Je sens à nouveau le pistolet, cette fois sur mon épaule droite. De nouvelles révélations arrivent et elles sont encore plus cauchemardesques que ce que j'avais imaginé :

— Tu sais quoi ? Les gendarmes sont venus chez moi ce matin. Ils ont fait une perquisition. Ils ont trouvé une grenade, une arme et autre chose…

Une grenade. Voilà la deuxième patate chaude qu'il me lance en moins de cinq minutes. C'est donc ça, l'objet qu'il dissimule sous sa veste. Une grenade ! Cette grosseur sur son ventre, au-dessus de la ceinture, c'est ça. Est-ce qu'il en a fait exploser une en plein marché de Noël ? Ce ne sont pas dix personnes qu'il a tuées alors, mais le double, peut-être le triple…

Je ne peux m'empêcher de penser de nouveau à mes proches. Et si l'un de mes enfants avait été touché ? Mon fils aîné, Marwane, qui a 27 ans, termine son année au tribunal de Strasbourg et doit bientôt prendre ses fonctions de gardien de la paix dans une autre ville, où il était encore ce matin pour chercher un appartement. Son train a dû arriver vers 19 heures. Le risque qu'il se soit trouvé non loin de la cathédrale au moment de la tuerie existe. L'une de mes filles, Naïma, qui a 16 ans, est en vacances avec nous. Était-elle dans la rue ? Est-elle rentrée à la maison ? Avec ses copines, elles ont fait plusieurs fois ces derniers jours un crochet par le marché de Noël, l'attraction du moment, où l'on peut croquer une pomme d'amour ou déguster une gaufre. Mon fils de 18 ans, Rayan, m'a téléphoné tout à l'heure parce qu'il voulait que je le dépose à l'hôpital. Il avait couru pour fuir un cortège de Gilets jaunes cerné par la police. Je lui ai dit d'appeler sa sœur. Normalement, il est en sécurité. Inès, 21 ans, devrait être à la maison. Comme Adil, 8 ans, le plus jeune.

« Les gendarmes sont venus chez moi ce matin… » Cet homme me confie trop d'indices sur lui pour me laisser en vie. Il sait qu'avec des informations aussi précises, je pourrais aider à l'identifier s'il m'épargnait. Il lui reste une grenade et elle est sous sa veste. Prête à l'emploi. Cet homme, je le pressens, ne reculera devant rien pour échapper à son interpellation. Il ne craint plus rien. Plus que jamais, je sens que je vais mourir au terme de ce face-à-face.

J'avais bien scanné cette protubérance. Ceinture d'explosif ou grenade, c'était l'une ou l'autre. Je guettais la détonation, je m'attends désormais à une explosion.

Partie de mes doigts de pied, une vague de chaleur remonte lentement le long de mes jambes, s'empare de mon abdomen, s'achemine en prenant son temps vers mes épaules pour venir stagner au niveau de ma tête, comme le brouillard adhère au cours d'eau dans la campagne.

On m'a toujours dit : quand ton heure arrivera, elle arrivera. Que ça soit dans ton lit, dans une salle de sport ou dans la rue, tu n'y pourras rien.

Mon heure a sonné. C'est écrit. Imminent.

Je triture toujours la poignée argentée de la portière avec ma main gauche. Elle est souffle de vie, cette poignée. Je touche ce bout de métal maladivement, sans qu'il puisse déceler les mouvements de mes doigts. Si je la tire, j'ouvre la portière. Si j'ouvre et que je parviens à sortir, je m'enfuis à toutes jambes. Si je commence à courir, comment réagira-t-il ? Il me tirera dessus. Il videra son chargeur dans la nuit. Il m'abattra comme un chien. Pourtant, j'en meurs d'envie, de déguerpir.

Retour à la case départ. Impossible de l'affronter physiquement sous peine d'exploser avec lui. Il reste les mots que je dois trouver pour renverser le rapport de force et faire faux bond à ce monstre. Échapper à la boucherie qui s'annonce.

Si les gendarmes ont débarqué chez lui au petit matin, n'était-ce pas que les services de renseignements le considéraient comme un potentiel terroriste ? Je l'ignore à cet instant, mais il cherchait de l'argent pour se procurer des armes. Quelques mois plus tôt, il avait attaqué avec deux complices un commerçant qu'ils soupçonnaient de garder du cash chez lui. Ils ont blessé son agent de sécurité mais sont repartis les mains vides. Ses deux compères l'ont balancé. Mais les gendarmes sont arrivés trop tard : il était déjà parti, équipé d'un revolver de 1892 acheté à des Yéniches du côté de Colmar. Démasqué, perdu pour perdu, il s'est jeté dans la rue avec sa réserve de munitions.

Strasbourg a enfanté des monstres. Beaucoup sont partis combattre en Afghanistan ou en Syrie. Ils ont été endoctrinés. On a instillé dans leur cerveau la haine du chrétien, de l'Européen et même du musulman ouvert d'esprit. À leurs yeux, nous sommes des « mécréants », nous aussi, alors qu'il n'y a qu'un islam nous apprenant à respecter tous les prophètes : Adam comme Moïse, Jésus comme le nôtre, Mohammed.

Cet individu ne comprend rien, ni la religion, ni la culture française, ni la culture du pays d'origine de ses parents. Il se moque des musulmans, sinon il aurait remarqué que leur pays d'accueil avait construit pour eux des mosquées et qu'il existait désormais des boucheries hallal qui faisaient défaut aux générations précédentes. Le « droit chemin » qu'on lui a vanté est un chemin pavé de cadavres et qui mène au cimetière. Personnellement, je remercie cette France dont je partage les valeurs et qui m'a permis de réussir ma vie.

*

Toujours pas une seule voiture pour venir se hisser à notre hauteur, comme si les Strasbourgeois s'étaient tous calfeutrés. C'est probablement mieux ainsi. S'il échange ne serait-ce qu'un regard avec un inconnu, il serait capable de tirer. La seule façon d'éviter de nouvelles victimes serait d'accélérer brutalement. Comme le dit un proverbe arabe, il va me falloir des « couilles en cuivre ».

Je lui appartiens. Soumis à son bon vouloir, à son cerveau lavé au kärcher de la propagande, je suis son otage. Il peut faire de moi ce qu'il veut, mais je m'accroche.

De temps en temps, je jette un œil sur mon téléphone. L'approcher de ma main serait une folie. Autant l'oublier. Je ne peux appeler personne. Je reste focalisé sur le cœur de ma stratégie : le persuader de ma faiblesse et de mon manque de courage. Il est mon supérieur. Il est au-dessus de moi et doit le sentir.

Un jour, un client éméché a commencé à faire du grabuge sur la banquette arrière de mon taxi. Un Black assez costaud. Il m'a annoncé qu'il ne paierait pas la course et s'est mis à taper sur la voiture. Je me suis arrêté au bord de l'autoroute. Je l'ai extrait de force et l'ai installé à l'avant, à ma droite, pour l'avoir à l'œil. Il s'est tu aussitôt et m'a réglé les 15 euros qu'il me devait. Mais avec ce type-là, je ne peux pas jouer les héros. « Je ne suis qu'un simple chauffeur de taxi », voilà le discours que je dois tenir.

Lorsqu'un client indésirable insistait à l'entrée de la discothèque et que nous savions qu'il risquait de gâcher la soirée, je l'attrapais par la ceinture, dans le dos, et je le traînais à l'écart comme un sac de patates. S'il se débattait, je le faisais chuter au sol et je l'immobilisais, sans jamais oublier qu'il pouvait avoir une lame dans la poche. Mais c'était une autre vie. Ma vie d'avant.

Est-ce que je vais voir le bout de ma pire soirée ? Chaque seconde qui passe est à la fois une seconde gagnée et une violente piqûre de rappel : d'une façon ou d'une autre, je n'ai pas d'autre choix que de me débarrasser de lui. De mettre fin à cette course avant qu'il m'annonce une nouvelle patate chaude : pourquoi pas qu'il porte un gilet explosif et que la voiture va sauter, et nous avec.

Plan A. Plan B. Plan C. Gilet explosif ou pas. Si son arme est bien un revolver, elle ne dispose pas d'une sécurité. Il appuie, la balle part. Même un champion du monde ne ferait pas le malin.

Un négociateur mandaté par la police ou par la gendarmerie peut essayer de raisonner un désespéré à distance. Ça passe ou ça casse. Si la personne se cabre et refuse toute négociation, les tireurs d'élite interviennent et le « pètent », comme ils disent. Boum, boum, affaire réglée par la force. Là, je suis dans le même bateau que lui. Il peut me tuer à bout touchant, comme le colonel Arnaud Beltrame, assassiné le 24 mars 2018 par un terroriste, alors qu'il venait à sa rencontre pour négocier sa reddition, dans un supermarché de Trèbes. Ici, il n'y a pas de tireurs d'élite positionnés sur les toits.

Il est seul, mais calibré. Il dispose d'une arme à six coups, peut-être plus. Six coups qui sont autant de complices. Avec sa grenade, il a cent personnes avec lui. D'homme à homme, sans l'arme ni la grenade, à mains nues, j'y serais allé sans hésiter. Là, ce serait suicidaire.

Comme on disait autrefois, « je dois me sortir une épine du pied sans faire couler le sang ».

# 20 h 07

## Observer, analyser, réagir

Cet homme est un nid de frelons. Un nid d'où coulent des gouttes de sueur, de sang et de désespoir. Son bras gauche apparaît à nouveau dans mon champ de vision, sur l'accoudoir en cuir noir.

— Je suis blessé.

Ce signe de faiblesse se confirme, perceptible jusque dans l'intonation de sa voix. Une douleur intense peut mobiliser jusqu'à 90 % des capacités du cerveau. Une rage de dents est à même d'anesthésier toute réflexion. Je dois exploiter cet avantage. Au karaté, toucher la cheville ou le mollet de l'adversaire peut l'amener à boiter. C'est le moment de le piquer d'un coup bien ajusté. Il va serrer les dents, charger pour se venger. J'ai vécu cette scène tellement de fois. Quand l'adversaire est plus fort que moi, je frappe au visage. Je suis sanctionné, il hérite d'un demi-point, mais il saigne. Il est concentré sur sa douleur. J'exploite cet instant. Je sais qu'en visant juste, je peux gagner ce face-à-face qui atteint déjà des records de longueur : sur le tatami, la durée du combat est de deux minutes. Cent vingt secondes qui peuvent paraître très longues à celui qui n'est pas au mieux de sa forme ; cent vingt secondes durant lesquelles toutes les ruses sont bonnes pour gagner du temps et empêcher l'adversaire de marquer un point.

« Observer, analyser, réagir. » Telle est la devise du karaté. Ne pas oublier de respirer. Le plus régulièrement possible. J'ai longuement travaillé mon souffle. Torse nu dans la neige en hiver, on inspire avec le bas-ventre, lentement. Pieds nus par moins 10 degrés, on ne sent plus la douleur. Le corps y prend goût. On est mordu, prêt à plonger les mains dans le sable brûlant. On muscle les avant-doigts, au point de pouvoir s'en servir pour transpercer la gorge de quelqu'un.

— Pas de problème. Je peux te soigner.

Pour avoir une chance de le terrasser, je dois progresser dans l'ombre. Mes doigts de pieds tirent sur le sol, à la manière d'une ventouse. Je gagne deux centimètres sans que mon adversaire s'en aperçoive. C'est une stratégie japonaise éprouvée. Une fois à portée de main, tu le touches au niveau du sternum ou au visage et tu marques un point.

Jusqu'à présent, je n'ai pas relevé dans ses propos cette petite contradiction qui pourrait laisser penser qu'il perd pied ou qu'il s'égare. Il ne manifeste aucune forme d'intelligence, de respect ou de pitié. Il n'y a que lui qui compte, le reste n'a pas de valeur, surtout pas la vie des autres. Les barbares des temps anciens semaient la mort, mais ils avaient au moins un code de l'honneur. Pas lui. Il vient de planter le deuil dans des familles qui mettront plusieurs générations à s'en remettre, mais il ne ressent que sa propre douleur, la seule qui importe à ses yeux.

Mon but est de le faire descendre de la voiture. Je vais tenter de signifier une limite, une deadline. Je lui mens :

— Il faut que tu saches que je termine normalement mon service à 20 heures Je dois aller à la gare et remettre le taxi au deuxième chauffeur. Je suis déjà en retard.

Je veux qu'il me croie. Je l'invite à regarder en direction du pare-brise, sur lequel sont apposés des documents officiels.

— Tu vois ? Ce sont nos deux cartes professionnelles. »

Il ne peut pas lire les noms qui y figurent, ils ne sont lisibles que de l'extérieur. J'ose :

— Je ne pourrai pas rester avec toi. Mais je ferai tout ce que je peux pour t'aider.

Il ne sait pas que je viens de prendre mon service. Concentré sur sa seule obsession, il se remet à crier :

— Si je te laisse partir, tu vas aller voir la police !

— Non, je te dis que non.

Le canon de l'arme me pique le flanc droit. Je joue à la roulette russe sans y avoir consenti. C'est lui le metteur en scène, c'est lui qui maîtrise le scénario, et ce n'est pas de la fiction. Il hurle :

— Si ! Si ! Ça se voit que tu vas aller voir la police !

— Non, t'inquiète pas, j'irai pas.

— Et s'ils viennent chez toi ?

— Je dirai que t'étais un client comme les autres, que je t'ai amené d'un point A à un point B.

Je dois donner des gages solides. Je poursuis :

— Je n'aime pas la police. Je n'aime pas les militaires, ni les politiques. Je suis anti-système.

— Jure-le sur Allah que tu vas pas aller voir la police !

— Je le jure sur Allah. »

Il n'y croit qu'à moitié. Il sait que j'aurais du mal à échapper à une police dont il est bien placé pour connaître l'étendue des moyens. Il continue :

— De toute façon, la police va te retrouver. Elle va retracer ton itinéraire avec le GPS de ton téléphone.

Cette voix, ce ton, ces images s'incrustent dans les profondeurs de mon cerveau. Sans contester ni valider ses inquiétudes, je jure à nouveau de me taire, sans hésiter une seconde.

Il me demande de répéter. J'obéis. Tout en récitant à nouveau dans ma tête la prière des morts. Je pense sans cesse à mes enfants et à Rabia. À mes parents, aussi. Que vont-ils devenir quand ils apprendront ma mort ? Je pense à mes amis, à tous ceux qui étaient peut-être ce soir en train de déambuler parmi les chalets du marché de Noël, un lieu que je connais bien car mon épouse y a travaillé plusieurs années. Elle tenait un stand de souvenirs d'Alsace. C'est moi qui montais et démontais le chalet chaque mois de décembre. La plupart des forains sont nos amis. Combien d'entre eux ont été touchés ? Cette année, à cause du travail, nous n'avons pas eu le temps d'aller humer la magie de ce lieu féerique où flotte une odeur de vin chaud, de cannelle, de gaufres, de crêpes, de marrons chauds et de saucisses du terroir. Où *flottait*, plutôt, avant que cet individu sans foi ni loi ne vienne y semer la terreur.

J'étais un homme comblé, bien dans ma peau. Je n'avais que de rares disputes avec mes enfants. Grâce à Dieu, j'avais presque tout réussi. Jusqu'à ce 11 décembre 2018, à 19 h 58.

Toujours pas de gyrophare à l'horizon. Toujours pas de sirène. Ni pompier, ni ambulance, ni police. Je connais par cœur le son de chacune. Mais si une voiture de police surgit et que je lui fonce dessus pour interrompre ce cauchemar, que se passera-t-il ? Ils nous tueront tous les deux. Ils nous la feront à la Jacques Mesrine, dont je revois la neutralisation en plein carrefour, à Paris, un jour de 1979. Le rideau d'une camionnette se lève. Les policiers de l'antigang ouvrent le feu en direction de la BMW de l'ennemi public n° 1, suspecté de se trimbaler, lui aussi, avec une grenade. La compagne du bandit, Sylvia Jeanjacquot, assise à sa droite, est touchée par plusieurs balles. On ne dit pas à un terroriste de lever les bras : on lui tire dessus et on pose les questions après. Je vais m'en prendre une, moi aussi. Les flics ne sont pas des Superman. Ils ne feront pas dans le détail.

Il m'est arrivé de désarmer un homme devant la discothèque. Vêtu de noir, relié à mes gars par l'oreillette, j'ai passé des nuits entières à guetter un bruit anormal, celui du verre brisé, au bord d'une piste où dansaient jusqu'à mille personnes. Je n'ai jamais eu peur, mais l'expérience m'a appris à ne pas « faire le malin ». Ce genre de gars ne respecte que la force. Tu lui mets une raclée, il t'embrasse les mains. S'il te sent faible, il te marche dessus avec les deux pieds. Heureusement pour moi, je les connais. J'ai à l'esprit une grille de lecture qui pourrait m'éviter l'erreur fatale au moment de le mettre hors-jeu. « Non, tu n'auras pas raison de ma jovialité, de mon dynamisme, de mon mental, ni de ma joie de vivre. »

Il est touché à l'épaule. Le sang dégouline sous sa manche, jusqu'à sa main. À quelques centimètres près, la balle atteignait son cœur. Elle l'aurait déchiqueté. Il devait marcher très vite. Une balle lui a aussi effleuré le mollet, mais il n'en dit rien pour le moment. Les militaires l'ont raté. Lui non plus, je l'apprendrai plus tard, n'a pas atteint le score dont il se targue. Cette femme sur laquelle il a tiré à dix mètres, en visant le cœur, est simplement tombée dans les vapes. Des passants ont recouvert son corps avec un drap, comme si elle était morte, mais elle est revenue à elle dans l'ambulance. Un miracle !

Sur notre gauche, je vois les bâtiments délabrés du quartier de la Meinau, dont certains sont promis à la démolition tant ils sont insalubres. Vers l'âge de 16 ans, j'y venais pour assurer la sécurité des boums du samedi après-midi. 5 francs l'entrée pour les filles, 10 francs pour les garçons. C'est de ces taudis que sont partis la plupart des jeunes djihadistes strasbourgeois convaincus que leur place était sur le front, dans les rangs de Daech. Celui qui est monté dans mon taxi a choisi la facilité : s'en prendre à des civils désarmés dont il ignorait à peu près tout.

Il est comme un sanglier blessé : tant qu'il n'est pas mort, il charge. Il reste déterminé. Il veut emmener d'autres personnes vers l'enfer qui l'attend. Maintenant, il est même plus dangereux que jamais. Il pourrait jurer sur Dieu, sur sa mère, sur le Coran, ou sur les trois à la fois, tout en continuant de proférer les plus gros mensonges. La loi divine, le châtiment, il ne connaît pas. Il s'est servi de sa propre mère pour que je le conduise dans la direction qu'il souhaitait. Mais s'il respectait vraiment sa mère, il n'aurait jamais tué ces personnes. Il n'a même pas de respect pour lui-même. Il n'est que foutaises. Mais si je le lui dis, il me tirera une balle dans la tête.

## 20 h 08

## Je suis pris en otage par le diable en personne

Nouveau feu rouge, plus interminable que les six précédents. Face à moi, dans la pénombre, je distingue la silhouette du stade de la Meinau, le fief du Racing, le club de football de Strasbourg. Comme à chaque carrefour, je continue à sonder la bombe humaine qui saigne dans ma voiture :

— Je vais à droite ou à gauche ?

— Tourne à gauche !

— OK, pas de problème.

Je ne finirai pas dans une fosse au milieu de la forêt du Neuhof, dont nous nous écartons. On dirait qu'il a une autre idée pour se débarrasser de moi. Il ne me parle plus de sa mère malade à présent. Que va-t-il inventer ? J'ai toujours une irrépressible envie de le démonter, mais je me raisonne. « N'y va pas, Mostafa, c'est trop dangereux. »

Brusquement, il se tait. Je ne déteste pas le silence en général, mais que signifie cette soudaine trêve, lui qui parle sans cesse depuis qu'il est monté à bord ? Que prépare-t-il à la faveur de cette ligne droite sans le moindre feu tricolore, ni le moindre carrefour ? Et s'il mourait dans mon taxi ? Et si je me retrouvais avec son cadavre sur les bras ? Nos yeux se croisent dans le rétroviseur. Toujours ce regard noir comme l'intérieur du canon d'un fusil. Il est bien vivant.

La peur voudrait prendre possession de mon corps, mais je parviens encore à la maîtriser – elle viendra frapper à ma porte bien plus tard. J'ai appris à faire face aux situations les plus critiques. Je me rappelle cette nuit où j'avais pris trois militaires à bord de mon taxi. Alors que je les dépose devant leur caserne, leur « capitaine » m'explique qu'il ne peut régler le prix de la course, 13 euros, qu'en carte bleue. « C'est ça ou rien, dit-il. — Je ne prends la carte qu'à partir de 15 euros. — Alors ça sera rien. — C'est pas correct. — Rien à foutre ! » clame-t-il avant de disparaître dans la caserne. Je sors du taxi et le hèle : « Vous m'avez volé 13 euros ! — Va te faire foutre ! — On va se revoir ! — Fais ce que t'as à faire ! » Je compose le 17. Ils m'envoient trois patrouilles. Je raconte ma mésaventure. Ces soldats sont potentiellement liés à une bagarre qui s'est produite dans un bar du centre-ville. Un des policiers sonne à la porte de la caserne. L'officier de garde identifie sans mal les trois militaires et me suggère de revenir voir le colonel le lendemain matin. Ce que je fais. « Je suis issu d'une famille de militaires, lui dis-je. Je ne suis pas là pour vous nuire, mais ils m'ont offensé. » Convoqués, les trois militaires arrivent, tête basse. Le colonel sort 15 euros et s'enquiert de savoir si je vais porter plainte. Je me souviens de ma réponse comme si c'était hier : « Mon colonel, le linge sale se lave en famille. » J'ai ajouté : « J'ai toujours cru en la justice, mon colonel. »

Avec un terroriste, il n'y a pas de terrain d'entente, pas de solution à l'amiable, et les forces de l'ordre ne me seraient d'aucun secours à ce stade. Bien au contraire. Pris en otage par le diable en personne, je me ferais aussitôt allumer par la police. La double peine. Le piège parfait. Cette Mercedes était mon carrosse, elle se transforme aujourd'hui en cercueil. Mais pourquoi moi ? Pourquoi ce type est-il tombé sur moi ? Cette question me hante et me hantera pendant des mois.

L'avant-goût de la mort assèche ma bouche.

Je scrute la nuit. Toujours rien à signaler. On passe sous un pont ferroviaire.

Nouveau feu rouge dix mètres plus loin. Je suis prêt à tout. J'ai enlevé ma tenue de chauffeur pour endosser celle du combattant. La cape de celui qui doit sauver sa vie. Je suis un fils de paysans, mais la région où j'ai grandi a fourni des guerriers assez solides pour avoir repoussé autrefois l'envahisseur ottoman. L'un de mes oncles du côté de ma mère est rentré au Maroc en 1963 après seize ans passés dans l'armée française, avec ses médailles et sa tenue militaire. C'est lui qui a convaincu le frère de mon père, un solide maçon, de partir à Strasbourg. Mon père l'a suivi dans les années 1970, alors qu'il avait 22 ans. Il est devenu grutier avant d'être embauché par le brasseur Heineken. Puis il nous a demandé de le rejoindre dans cette France où il avait découvert la neige et affronté la solitude.

— T'es de quelle origine, toi ?

Le tapotement du pistolet sur mon épaule droite me rappelle à l'ordre. Je me laisse une seconde de réflexion. Entre Maghrébins, les relations ne sont pas toujours au beau fixe. Il faut que je lui fournisse la bonne réponse. Je me retourne et lui lance, yeux dans les yeux :

— Je suis marocain.

— De quelle ville du Maroc ?

— Casablanca.

— Connais pas.

Il n'est pas marocain, première information. Il parle mal l'arabe, et plutôt avec un accent algérien. J'ignore tout de lui, mais ce n'est pas le moment de lui poser une question qui pourrait raviver d'invisibles cicatrices. Je ne veux pas non plus trop en dire sur moi. Pas la peine de semer des indices qui lui permettraient de retrouver ma trace si je parviens par miracle à lui fausser compagnie.

— Roule !

Le silence s'installe à nouveau dans l'habitacle de la Mercedes. J'ai l'impression qu'il rumine. M'envahissent alors des images surgies de mon enfance, comme une parenthèse hors du temps.

Je suis né en pleine campagne, le 28 février 1971, à une cinquantaine de kilomètres de la côte Atlantique et de Casablanca. Heureusement, parce que je n'aime pas la mer. Les premières années, j'allais à l'école coranique à pied. Je faisais une bonne heure de marche matin et soir, hiver comme été, en essayant d'éviter les attaques de chiens errants. Puis nous avons déménagé dans une maison avec l'eau courante et l'électricité, dans le petit village d'El Gara. Toujours dans les terres, celles où est née la Fantasia, ces démonstrations effectuées par des guerriers à cheval armés de fusils.

Mais ce n'est pas de guerre dont je rêvais. Je jouais au foot après l'école. On capturait des oiseaux chanteurs, des moineaux ou des chardonnerets, que l'on vendait pour un ou deux dirhams. On se cotisait pour acheter un ballon en plastique, à raison d'un demi-dirham chacun.

Il résistait le temps d'un match. Les baskets n'étaient pas arrivées jusqu'à nous ; on jouait pieds nus, parfois avec des chaussures en plastique. Mon père n'avait pas les moyens de revenir tous les étés, il débarquait tous les trois ans pour trois mois. J'ai été élevé par mon oncle paternel jusqu'à cet été 1981 où nous avons rejoint papa à Strasbourg. Toute la famille prenait place dans le salon pour regarder Michel Drucker le samedi soir. Même cérémonie pour le film du dimanche. Les enfants devant, les parents derrière. La télé en couleur nous fascinait.

Le roi Hassan II nous avait mis en garde, nous, les émigrés : « Respectez le pays où vous allez, ne faites pas de vagues. » J'avais 10 ans et une vie bien rangée. J'étais inscrit dans une école de foot. On m'a attribué un numéro, le 5, et une place : ailier. Je courais bien. J'avais du souffle. Je jouais en pupilles, puis en minimes, où je suis tombé sur un coach qui n'aimait pas les Arabes. Il cherchait un prétexte pour m'écarter. Et un jour, je me suis braqué. J'ai arrêté le foot. « Tant mieux, c'est pas pour toi », m'a lancé le coach. Pas avec lui en tout cas.

Mon père m'a inscrit dans le club sportif de Schiltigheim, la ville au nord de Strasbourg où nous habitions une belle maison alsacienne. Le karaté m'a happé. Tout le monde en kimono blanc, toutes origines et tous milieux confondus. Cet univers me séduisait. Qui allait gagner le stage tous frais payés ? J'ai remporté mes combats et obtenu la meilleure moyenne. J'avais 15 ans lorsque je me suis retrouvé, avec 2 000 autres jeunes de toute la France, accueilli par quatre grands maîtres. J'y ai pris goût. Je mangeais karaté. Je dormais karaté. J'ai découvert les armes blanches, le katana, le bâton, la faucille, ce nunchaku qu'utilisaient les paysans japonais pour se défendre ou travailler la terre…

Malheureusement, je n'ai pas la moindre arme à bord de mon taxi. Le règlement l'interdit. Ni bombe lacrymogène, ni matraque, encore moins un nunchaku. Mais j'ai mes mains, mes pieds et ma tête. Je sais casser un poignet, une clavicule, une cheville ou un genou. Avec une arme à feu on peut rater sa cible dix fois ; moi, il suffit que je touche un point précis pour faire mouche. L'arme à feu a d'ailleurs un autre inconvénient : elle peut vite changer de main. Et être retournée contre celui qui l'a brandie. Alors qu'une bonne prise de karaté peut faire le même effet qu'une chute de plusieurs étages. Mais je ne dois sortir ces *outils* qu'au moment opportun, en jouant l'effet de surprise. Une fois épuisées toutes les ressources du dialogue.

*

Je porte l'un des noms du prophète, cité dans le Coran, qui signifie l'élu, Mostafa, mais on m'appelle « Mouss ». Salhane, mon nom de famille, signifie le « conciliateur », en arabe. Celui qui réconcilie les gens. Mais l'illettré qui est monté dans ma voiture s'en moque. De mon nom comme de mon âge. Il est dans sa bulle. Je ne comprends même pas pourquoi il m'a demandé d'où je venais.

Combien de munitions lui reste-t-il ? A-t-il une autre arme sur lui ? Je suis condamné à attendre pour le savoir.

J'évite de lui retourner la question de son origine. D'abord parce que je ne tiens pas à m'éterniser auprès de cet individu. Je dois simplement l'écouter et lui donner le change. Je suis un gentil bonhomme, un peu peureux. Règles édictées par l'instinct de survie.

— Je continue ?

— Trace ! Roule plus vite !

Je ne dépasse pas les 50 km/h. Inutile d'attirer l'attention sur ma voiture, que je voudrais transparente, invisible. En roulant trop vite, je risquerais aussi de me laisser absorber par la conduite, au lieu de garder une partie de mon cerveau disponible pour faire face à ce terroriste qui ne ferait qu'une bouchée de moi si ça lui prenait.

Je suis l'acteur d'un film dans lequel je n'ai pas décidé de tourner. Dont je ne connais pas le scénario. Et où les armes, réelles, ne tirent pas des balles à blanc. La seule chose que je maîtrise, c'est la vitesse : plus je prends mon temps, plus je multiplie les chances de trouver une issue avant qu'il ne m'impose sa propre fin.

« Mais pourquoi tu ne l'as pas sorti de ton taxi ? », « On n'en serait pas là si tu l'avais viré », « Tu aurais dû le sortir ! ». Les reproches et les regrets viendront plus tard. Et des regrets coupables : pourquoi avais-je déposé les parlementaires au bord de la route, à vingt mètres du restaurant et pas plus tôt ? Certes, ils auraient peut-être pris froid, mais rien de tout cela ne serait arrivé. J'avais voulu trop bien faire.

À ce moment-là, je ne mesure pas encore l'impact qu'aura l'irruption de cet homme sur ma vie. Je ne sais pas non plus que je vais m'effondrer après ce combat.

Je dois impérativement faire un pas vers sa folie, en prenant soin de ne pas y perdre pied.

Pour le moment, personne n'interfère dans notre face-à-face. Depuis que nous avons quitté le centre-ville, je n'ai aperçu que deux ou trois voitures. Tant mieux si les Strasbourgeois savent, s'ils se barricadent. Le terroriste est en liberté. Il circule dans la ville, à bord de mon taxi, les nerfs à vif. Il est à moins d'un mètre de moi.

Demain, après-demain, dans un an, dans dix ans, si je vis encore, je continuerai de rêver de serpents qui cherchent à me mordre. De loups qui m'attaquent. L'empreinte indélébile laissée par ce raté ne me quittera jamais. Moi qui ai toujours été jovial, j'afficherai une mine triste. Moi qui ai toujours aimé être entouré de mes amis, les recevoir à la maison autour de petits plats parfumés, je chercherai la solitude. Je deviendrai le mouton noir, un boulet pour mes proches.

Dans mes cauchemars, je lui poserai des questions : « Pourquoi es-tu monté dans ma voiture ? », « Pourquoi as-tu fait ça ? ». Bien sûr, il restera silencieux. Des hommes vêtus de noir m'étrangleront. Pieds et poings liés, je serai dans l'incapacité de me défendre. Je chercherai à tomber du lit pour réagir. Je crierai. Ma femme, Rabia – dont le prénom signifie « printemps » en arabe –, accourra. Elle me trouvera la bouche sèche, comme remplie de plâtre. Je devrai prendre des médicaments pour dormir, ainsi qu'un chien, un malinois, chargé de veiller sur moi pendant mon sommeil. Il sera mon ange gardien. Au cas où quelqu'un aurait l'idée de venger le terroriste.

Dans le rétroviseur, je fixe ce regard fermé qui suinte la haine comme des bouches crachent le feu. Ses sourcils sont aussi noirs que ses yeux. Je suis son bouclier. J'entrevois à peine le reste de son visage, mais il m'observe comme aucun client avant lui, tout en continuant à scruter la nuit à l'affût d'un ennemi.

Et s'il lui prenait l'envie de se rendre ?

Je ne le sens pas dans cette optique. Je suis même convaincu du contraire. Typhon hors de contrôle, il veut tout ravager sur son passage avant de disparaître lui-même. Mais il n'est pas interdit de se bercer d'illusions…

## 20 h 09

## Il veut finir le travail

Je suis certain que la police est déjà en train de contrôler des taxis. Pas le mien. Pas encore. Heureusement.

Où veut-il m'amener ? Lui seul le sait. Il a forcément un plan bien arrêté.

Nous voilà avenue de Colmar, au cœur du Neudorf. Il a l'air de connaître le coin comme sa poche. Il joue à domicile, comme disent les sportifs. Je n'aime pas ça.

À l'approche de la place du Schluthfeld, alors que se dresse au loin sur notre route le dixième feu rouge, je l'interroge à nouveau :

— Je tourne à droite ?

— Non, tu tournes à gauche. Au fond, tu pourras pas continuer, il y a un sens interdit. Tu tournes à droite. On va au commissariat. Direction le commissariat !

Je connais enfin son objectif. Je suis certain qu'il cible depuis la première minute l'hôtel de police de Strasbourg. La route de l'Hôpital y mène tout droit. Il veut « finir le travail ». Aller jusqu'au bout de sa trahison. Il veut tuer des policiers. Comme Khaled Kelkal en 1995, comme le terroriste de Toulouse en 2012, deux de ses sinistres et trop nombreux prédécesseurs. Une chance qu'il n'ait pas repéré les parlementaires italiens, car il n'aurait certainement pas hésité à leur tirer dessus, conférant à ses actes criminels une portée internationale.

Je veux à tout prix éviter cette apothéose qu'il s'est promise et qu'il guette désormais. Hors de question qu'il tue une seule personne de plus. Mais comment désarmer la mort en personne ?

La pénombre joue contre moi. Je suis habillé en bleu marine, le cuir des sièges est noir, lui-même est en noir. Je ne devine le haut de son corps que du coin de l'œil. Le commissariat… Je ne peux m'empêcher de penser à Myriam, cette gardienne de la paix qui est notre voisine et amie. Je vais parfois chercher son gamin à l'école. On se rend mutuellement service. L'idée qu'il puisse s'en prendre à elle me terrifie. À elle comme à n'importe lequel de ses collègues. J'ignore à cet instant qu'elle se précipitera chez nous dès qu'elle comprendra que le chauffeur de taxi pris en otage, c'est moi, *Mouss,* comme elle m'appelle. Et qu'elle veillera sur nous comme une petite sœur inquiète et prévenante.

Il veut mourir les armes à la main, salement. Il veut emmener du monde avec lui. Mais pas n'importe qui. Il a choisi ses « clients » : des policiers. Il tient à accrocher du plus gros gibier à son palmarès.

Alors que l'on se rapproche du but, je songe à une autre hypothèse, peut-être moins risquée que les précédentes : précipiter la voiture, et nous avec, dans les eaux de l'Ill. À cette heure-ci, il n'y a plus de bateaux-mouches. Il n'y a qu'à accélérer en passant devant le commissariat et foncer vers le parapet qui borde le petit pont, une centaine de mètres plus loin. J'encaisse sans broncher depuis de trop longues minutes pour ne pas envisager la pire des issues. Ce serait une façon de me débarrasser de lui une bonne fois pour toutes. Si tout se déroule bien, je parviendrai à m'extraire du véhicule et à nager jusqu'à la rive.

Tout plutôt que de lui faciliter la tâche. Une autre hypothèse me traverse l'esprit, celle de l'accélération subite suivie d'un coup de frein brutal. L'ABS, le système de freinage d'urgence, pourrait compliquer la manœuvre, mais son corps serait projeté vers l'avant, voire contre le pare-brise. Et, une fois qu'il serait à côté de moi, je… Non. Trop risqué. S'il ne porte pas une grenade mais des explosifs, on y passe tous les deux.

Il reste une dernière option : la police. Je voulais l'éviter absolument, mais la destination qu'il a choisie rend la situation intenable. Si je croise une voiture de police avant d'arriver à hauteur du commissariat, je la heurte pour les forcer à intervenir, en priant pour en réchapper.

Je continue à m'en remettre à Dieu pour repousser ces visions d'horreur. Je dis encore adieu à mes enfants et à ma femme. S'il y a une force divine au-dessus de nous, c'est le moment qu'elle intervienne. Après, il sera trop tard.

Mon corps me brûle des doigts de pied jusqu'aux oreilles. Je suis à sa merci. L'émotion est à son comble, mais je m'accroche au cap fixé : je ne l'amènerai pas au commissariat. Ou alors pieds et poings liés.

À moins que… À moins que je n'arrive à le faire descendre de la voiture. Une fois sur le trottoir, je pourrais le neutraliser. Il a une arme, mais il est blessé. En cas de confrontation directe, j'ai un avantage. J'appuierai directement là où ça fait mal. Je n'ai pas dit mon dernier mot.

Mon côté perfectionniste joue pour moi. Je suis quelqu'un de tenace. Je suis doux, gentil, ouvert, mais il ne faut pas me chercher. Dans le village où j'ai grandi, on se faisait tous racketter. « T'as combien de bonbons dans ta poche ? — Quatre. — Donne-m'en trois ! — Non ! — Je vais te frapper ! — Essaye ! » Ma spécialité, c'était déjà le balayage. Ou le coup de tête. Le garçon se retrouvait avec le nez en chou-fleur et moi, je gardais mes bonbons. « Il est fort, il n'a pas peur », disaient les autres. J'étais grand pour mon âge. Depuis, j'ai appris. Je sais où frapper. Un jour, je suis intervenu pour secourir un musicien qui se faisait dépouiller par trois hommes dans la rue. Il criait et prenait des coups. J'ai shooté le plus costaud. Puis j'ai allongé les deux autres.

Il ne reste plus beaucoup de temps. Nous sommes maintenant à 900 mètres environ de l'hôtel de police. Nouveau feu rouge. On dirait qu'ils se sont ligués pour nous ralentir. Aucun tramway ne passe, et pour cause : leur circulation a sans doute été interrompue. Soudain, sa douleur lui devient insupportable. Je ne sais pas comment il a encaissé jusque-là. L'adrénaline ? Une drogue ?

Mais le voilà dépassé par sa propre souffrance. Un petit miracle. Il ordonne :

— Démarre ! Tourne à gauche !

Nous nous engageons dans la rue de Belfort, où un panneau annonce des travaux.

— Il y a un sens interdit.

— Je m'en fous, tu continues.

Je roule une cinquantaine de mètres en guettant la prochaine consigne. En tout cas, on s'écarte provisoirement du commissariat, c'est déjà ça de gagné.

Les travaux de réfection de la chaussée rendent la conduite chaotique, donnant à la scène un côté fin du monde, comme si on allait déboucher sur un terrain vague pour l'affrontement final. Une mauvaise secousse pourrait se révéler fatale s'il a le doigt sur la détente.

Il avance à nouveau son bras gauche vers l'accoudoir, le bras blessé.

Il a changé de stratégie, mais ce n'est pas nécessairement pour le mieux. Il m'emmène avec lui dans l'une de ses planques. Il a sans doute un appartement dans le coin et veut s'y enfermer avec moi.

Je revois, comme un flash, les images de l'assaut donné par les hommes du RAID contre l'immeuble de Saint-Denis où s'était réfugié le chef du commando qui venait de sévir contre les terrasses de café et au Bataclan. Une cousine éloignée lui avait trouvé un logement. Lors de l'intervention, les tireurs d'élite ont vidé des dizaines de chargeurs en direction de l'immeuble. Ils l'ont criblé de balles sous les yeux du monde entier et ont déchiqueté le terroriste, son complice et la jeune femme, sans tenir compte des dégâts collatéraux. Otage ou pas, je vais moi aussi finir en pièces détachées.

Je lui rappelle le plus naturellement possible la commande initiale, comme si elle pouvait avoir une quelconque valeur à ses yeux :

— Tu m'as demandé de t'emmener au Neudorf chez ta maman. On y est maintenant, je vais t'y laisser. »

Je suis arrivé comme une fleur sur sa route, avec mon taxi. Lui n'avait rien prévu. Il appartient à cette catégorie de petites frappes qui vivent au jour le jour, n'anticipent pas, ratent beaucoup des choses qu'ils entreprennent et finissent par y laisser leur vie. Je ne vois pas dans les yeux de cet homme la moindre lueur de clairvoyance à laquelle me raccrocher.

Mais ce n'est pas le moment de lui faire la morale. Le moindre reproche formulé décuplerait immédiatement le risque. Pire encore, si je tentais de le consoler d'une façon ou d'une autre. Je dois rester concentré sur mon objectif : me comporter de telle façon qu'il se croie intelligent. Qu'il soit bien persuadé d'avoir tout prévu et de maîtriser la situation.

## 20 h 10

## Sa blessure est son point faible

— Il faut que tu me soignes. Je perds trop de sang !

Il saigne abondamment, ce qui ne l'empêche pas de crier :

— J'en peux plus ! J'ai mal ! Aide-moi !

Sa blessure est bien son point faible. Mais sa main valide tient toujours aussi fermement le révolver pointé sur moi.

Je roule à 10 km/h. Connaît-il ces impasses ? Vise-t-il un cul-de-sac pour en finir ? Un coin sombre où il va m'abattre ? Il a dû errer dans le secteur quand il était plus jeune. J'en suis certain. Il connaît le quartier mieux qu'un chauffeur de taxi.

— Est-ce que t'as de quoi me soigner ?

Je dispose d'un kit de secours dans le coffre, comme la réglementation nous y oblige. Il ne le sait pas. Je ne vais pas lui en parler. Commencer à piocher dans ce matériel et jouer à l'infirmier serait une mauvaise idée. Ça prendrait trop de temps. Et ce temps m'exposerait encore. Il fait noir, mais un passant ou un riverain pourrait donner l'alerte. Et si la police arrive, elle ne fera pas dans le détail. Penché sur la main blessée de cet homme, j'aurais tout l'air, au premier abord, d'un complice. Bon à abattre.

Cette perspective est cependant une chance unique. Je lui répète :

— Pas de problème, je vais te soigner. Je vais où ?

— Tu roules comme je te dis ! Tourne à droite.

Je ne connais pas cette ruelle. Elle est peut-être sans issue. Réflexe de survie, j'effectue la manœuvre la plus périlleuse de ma carrière. Sans qu'il me l'ait demandé, j'opère un demi-tour et fais glisser l'arrière de mon véhicule dans la rue des Aulnes, qu'il vient de me désigner. De façon à placer mon taxi dans le sens du départ. Je compte bien mettre toute mon énergie au service de ce projet qui m'obsède : repartir vivant. Avec lui s'il le faut, mais de préférence sans lui.

— Qu'est-ce que tu fais ?

— Je me gare. J'ai ce qu'il faut pour te soigner dans le coffre.

Si je me bats avec lui, on va exploser tous les deux. Mais j'en suis convaincu : la seule stratégie, à ce stade, est de l'amener à mettre pied à terre. Ce serait une première victoire. Pour la suite, j'improviserai.

— Tu me soignes et on va au commissariat après, m'ordonne-t-il.

La Mercedes est à l'arrêt, mais le moteur tourne toujours. Sans doute l'homme perçoit-il mon stress. Il ne veut pas d'un infirmier qui tremble. Il dit :

— T'inquiète, je vais rien te faire.

Difficile de le croire. Difficile d'accorder sa confiance à un type comme lui. Tout nous oppose, au-delà de notre commune filiation maghrébine. Et de nous deux, c'est certainement lui qui aurait dû le mieux s'en sortir.

Je suis né dans la Chaouia marocaine, une région de travailleurs généralement très pieux dans laquelle la France a puisé nombre de soldats et d'ouvriers, si possibles athlétiques, pour descendre dans les mines et construire le chemin de fer ; lui est né à Strasbourg, sur le sol français.

Je suis arrivé en France à 10 ans et c'est la pioche à la main que je me suis fait ma place en apprenant la langue ; lui a bénéficié dès son plus jeune âge de l'école républicaine et a eu toutes les cartes en main pour réussir.

J'ai appris l'État de droit à l'école ; lui baigne dans l'interdit depuis son plus jeune âge.

J'ai bataillé pour m'intégrer et vivre en harmonie dans ce pays d'adoption, en respectant les autres ; lui s'est peu à peu désintégré en se frottant à l'illégalité.

J'aime mon pays d'accueil comme le mien et j'ai été naturalisé français en 2005 ; lui est en guerre contre ce pays mère qui l'a nourri, formé, logé.

Je me suis battu pour acheter une maison et je travaille dur pour ma famille ; lui a quémandé un logement auprès de la mairie et vit au crochet des autres.

J'ai gagné ma vie euro après euro pour élever mes enfants et les éduquer ; lui s'est contenté d'argent sale, dépensé à mesure qu'il le volait, clochard du début à la fin.

J'ai deux cultures, l'arabo-musulmane et la française ; lui est comme la mauvaise herbe que j'arrachais dans les champs quand j'avais 6 ans.

Cet adversaire n'a ni mes codes ni mes règles. Il n'est aucunement à mon image. Nous sommes deux êtres humains, mais il n'a strictement rien à voir avec moi.

*

— T'inquiète, je vais rien te faire.

Ces mots me font l'effet inverse de celui escompté. Il veut m'endormir pour mieux m'exécuter.

La sonnerie de mon téléphone m'arrache à ces sombres pensées. Il est exactement 20 h 10.

Un prénom s'affiche sur l'écran : Djamel. C'est celui d'un collègue, chauffeur de taxi comme moi. Il doit faire suite au SMS que je lui ai envoyé à 19 h 44, quand j'ai vu une dizaine de parlementaires guettant un taxi sur le trottoir, devant le Parlement européen.

La ruelle est faiblement éclairée. Je sonde son regard dans le rétroviseur et m'apprête à répondre. Je dois paraître le plus naturel possible. Apparemment, mon passager n'y est pas opposé, mais il entend tout contrôler :

— C'est qui ?

— Regarde, c'est écrit sur le téléphone : « Djamel taxi ».

Toujours comminatoire, il assène ses conditions :

— Mets sur haut-parleur ! Je veux écouter !

J'obtempère. Je cherche à gagner du temps. Je préfère encore une minute de ce cauchemar à la mort immédiate.

La voix de Djamel envahit l'habitacle :

— Salut, tu es à la gare ? Ça charge ?

Tout semble normal pour lui. Il n'a pas encore entendu parler de l'attentat du marché de Noël. Dans un sens, c'est mieux. Tout ce qui peut éviter de crisper celui dont je ne connais même pas le nom est bon à prendre. Une balle est si vite partie. Boum. Fini.

« Tu charges où ? », c'est la question que l'on se pose le plus souvent entre taxis. On se rend service. On est solidaires. On défend le collègue en difficulté. S'il a chargé le mauvais client et qu'il appelle au secours, on fonce. Normal. On se connaît tous. Ou presque.

J'improvise, concentré pour que ma voix ne paraisse pas anormale. Djamel n'est pas le nom inscrit sur la deuxième licence apposée sous le pare-brise, mais le terroriste ne peut pas lire ce qui est écrit de là où il se trouve. Je décide de lui faire croire que Djamel est le collègue avec qui je partage la Mercedes. Mon mensonge devrait passer. Je n'ai pas le choix si je veux profiter de la lucarne entrouverte. Je coupe la parole à mon collègue. Tant pis s'il ne comprend pas. Tant pis s'il me prend pour un dingue. On rattrapera ça plus tard. Je me lance :

— Je suis avec mon dernier client, Djamel. Je le dépose, j'encaisse la course et je te ramène la voiture. À tout de suite.

Je raccroche sans attendre sa réponse. Quand on est chauffeur de taxi, on est légitime à abréger les appels. La conversation aura duré 16 secondes.

Je ne laisse pas le terroriste reprendre la parole, ni commenter. Je dois l'alimenter pour qu'il valide mes dires sans chercher à les vérifier. J'embraye aussitôt :

— Tu vois que je ne te raconte pas de conneries, je dois absolument rendre ce taxi à mon collègue. Mon service est terminé. Il prend la suite à 20 heures. Tu m'as demandé de te déposer au Neudorf parce que ta mère était souffrante. C'est pour ça que je t'ai pris. Je suis déjà en retard.

Tout en parlant, je montre encore du doigt les deux cartes professionnelles. Elles donnent corps à ce que je suis en train de raconter. Je ne peux pas faire faux bond à mon collègue. Sinon… Sinon quoi ? Sinon il va s'inquiéter et appeler la police.

Je dois économiser mes mots. Je ne vais pas prendre le risque d'un développement qui pourrait le rendre plus nerveux encore. Je veux qu'il ait à l'esprit une équation simple : je dois rendre le taxi à Djamel et je ne peux pas lui donner le volant avec un passager assis à l'arrière.

J'ajoute un demi-mensonge sans préméditation :

— Mon fils est malade. C'est encore un bébé. Il est aux urgences. Je dois aller le voir.

La vérité, c'est qu'un ami a effectivement conduit mon fils Rayan à l'hôpital en début de soirée. Il souffrait de crampes à l'estomac depuis plusieurs heures. Le mensonge, c'est que Rayan n'est plus un bébé. Il a 18 ans et il est lycéen. Et d'ailleurs, je n'ai pas l'intention de me rendre à son chevet. Non pas par manque d'amour, mais parce qu'une autre mission m'attend : je dois aller au commissariat au plus vite. Des vies humaines peuvent être sauvées si je parviens à donner l'alerte. J'en suis convaincu, cet homme n'a pas terminé son parcours criminel et il a encore un paquet de cartouches en réserve.

Le terroriste se fout de ce que je raconte. Cette histoire de père de famille avec un enfant malade ne l'éloigne pas une seule seconde de son obsession.

— J'ai mal ! Il faut que tu me soignes !

Il est concentré sur sa blessure. Il ne saura jamais que je ne partage pas ce taxi avec Djamel, mais avec Adil. Le stratagème semble avoir fonctionné. Il n'y a vu que du feu.

— Je vais te soigner, je vais te laisser et je vais rentrer chez moi.

— Et tu vas aller voir les flics, hein ?

Je jure encore à voix haute. Le plus sincèrement possible. Je ne mime pas. Je ne joue pas. Ce serait trop dangereux.

Déjà deux minutes que nous sommes arrêtés là. Il ne faudrait pas qu'un riverain alerte la police. Un témoin a forcément dit que le terroriste était monté dans une Mercedes noire. Peut-être l'information a-t-elle déjà été divulguée auprès du public. Je suis en train de gagner du temps, mais la négociation ne doit pas s'enliser. Mon sort se joue dans un mouchoir de poche. Pile, mon cœur lâche. Face, il m'exécute parce que ma tête ne lui revient pas. La deuxième option est d'autant moins exclue que plus rien ne compte à ses yeux.

J'essaye de faire pencher la balance du bon côté en lui exposant tout le mal que je pense des flics – les copains que je compte dans cette institution m'excuseront. Dans quelques jours je m'en ferai d'ailleurs un nouveau : un bon tireur.

# 20 h 12

## « Avec ça tu pourras laver ta plaie »

Je triture depuis neuf minutes la clenche de la portière avec ma main gauche. Le moment est venu de pouvoir m'emparer du mécanisme et de poser un pied dehors, puis l'autre. Geste répété des milliers de fois qui a, cette fois, un goût particulier. Un goût mêlé de liberté et de mort. Qui sait ce que cet homme a en tête ?

Une femme pousse un landau dans la nuit. Elle marche vite. Elle sait. Son pas pressé me dit qu'elle sait. Non pas que le terroriste est à dix mètres d'elle, mais qu'un individu vient de voler la vie de plusieurs personnes dans les ruelles du marché de Noël. Toutes les radios, toutes les télés ne parlent que de ça. Les réseaux sociaux ne résonnent que de ces balles aveugles. La terreur se glisse dans tous les messages. Le tueur est dans la nature. Les Strasbourgeois marchent vite vers un abri sûr.

La femme ne regarde pas dans notre direction. Lorsqu'elle nous dépasse, j'entrevois dans les phares de la voiture son air inquiet.

Surtout, calculer le moindre geste. Évaluer ses conséquences. Je mets le manche en position « neutre » pour la première fois depuis qu'il s'est imposé dans mon taxi. Mais je laisse tourner le moteur. Cela me permettra de gagner une précieuse seconde si je parviens à mettre mon plan à exécution.

— Tu diras rien à la police ? Jure sur Allah !

— Je jure sur Allah que je ne dirai rien à la police.

Il tapote mon épaule avec l'arme :

— Allez, descends !

Il ouvre la portière et met pied à terre le premier sans me lâcher du regard. Puis il referme derrière lui. J'aurais pu profiter de la seconde qu'il me concède pour appuyer sur l'accélérateur, mais la façon dont il recule sans me lâcher des yeux ne m'y engage pas.

Je descends à mon tour. Je saisis au passage la petite bouteille d'eau Évian que j'ai toujours à portée de main dans la portière. Il n'y a pas de raison qu'il se méfie d'une bouteille d'eau. Pourtant, il devrait. D'un journal, d'une veste, d'une bouteille en plastique, d'un tee-shirt, je peux faire une arme. Celui qui reçoit l'objet au visage, même durant un court laps de temps, ferme les yeux en essayant de l'esquiver. Ce qui laisse le temps d'enchaîner. Je lance la bouteille, il ferme les yeux et j'agrippe son arme… Mais non, ce serait trop dangereux. Trop tôt.

Je sens le sol sous mes pieds. Cela me procure un indicible plaisir. Je ne suis plus enfermé avec lui dans la voiture. J'appréhende la suite de ce face-à-face qui peut virer à tout instant au corps à corps. Je sais qu'il peut me tirer dessus d'une seconde à l'autre.

Je parcours les deux mètres qui me séparent du coffre arrière, que j'ai préalablement débloqué de l'intérieur. Non sans avoir pris soin de laisser ma portière grande ouverte.

Me voilà debout face à lui. Les paumes de mes mains tournées vers le haut pour dissimuler mes phalanges, marquées à force de frapper dans des sacs à la japonaise. S'il pratique un sport de combat, il comprendrait tout de suite et risquerait de se dire : « Celui-là, il va m'allumer. » Je préfère prendre les devants.

Au premier coup d'œil, je découvre un élément qui m'a échappé dans la pénombre du véhicule. Il a sur le front cette tache brune caractéristique de ceux qui font la prière frénétiquement, parfois sur le sol en béton d'une cellule de prison, comme pour prouver que leur foi est supérieure à celle des autres. L'homme est athlétique. Je comprends mieux son parcours mortifère, cette course folle dans les ruelles du marché de Noël, dont j'apprendrai plus tard qu'elle a duré, elle aussi, moins de quinze minutes. Pour échapper aux militaires, il a couru comme un lièvre, choisissant son itinéraire et ses victimes au gré de ses pulsions, tout en rechargeant régulièrement son arme. Multipliant les scènes de crime.

Sa respiration est plus calme, ce qui ne me rassure pas forcément. Rien ne me rassure chez lui, en fait.

Il enfonce le long canon gris foncé de son arme dans mon abdomen. C'est un revolver antique à la crosse marron foncé. Un six coups, à vue de nez. Il tient bien son arme, de la main droite, comme quelqu'un qui s'en est déjà servi.

— Tu bouges, je t'allume. Fais pas le malin !

— Je ne suis pas un bagarreur, juste un père de famille chauffeur de taxi.

— Ils m'ont touché aussi ici, dit-il en tâtant son survêtement au niveau du mollet gauche. Tu vas me soigner avec quoi ?

Je le fixe des yeux en lui indiquant une boîte de mouchoirs que j'attrape dans le coffre avec des pincettes, pour éviter tout malentendu.

— Si tu veux, j'ai aussi du Perrier.

Je sais que la trousse d'urgence est rangée au niveau de la roue de secours. J'ai une formation de sauveteur secouriste, comme tous les chauffeurs de taxi, qui doivent savoir prodiguer les premiers soins. Mais je n'ai pas le temps de jouer à l'infirmier. Et aucune envie de panser un assassin.

— Tu vas me soigner avec ça ?

— Je ne sais pas faire, mais avec ça, tu pourras laver ta plaie. Je n'ai rien d'autre.

Il attendait sûrement une mallette magique avec une croix rouge sur le couvercle.

Plus vite je le laisse, plus j'ai de chance de rester en vie. Plus je reste sur place, plus je cours le risque de voir la police nous tomber dessus. La compassion aurait pu me retenir par la manche, mais je n'en éprouve pas une once. Ce type serait capable de faire du mal à mes enfants ou à ma femme sous mes propres yeux. Je ne me vois pas lui demander de retirer sa veste, puis sa chemise pour poser doucement un bandage sur son épaule. J'ai juste envie de le jeter dans le coffre et de refermer. D'en finir avec cette haine qui dégouline de ses paupières.

— Je t'ai amené où tu voulais, ça s'arrête là. Maintenant, laisse-moi partir.

Il me regarde dans les yeux :

— Est-ce que tu vas aller voir la police ?

Voilà que ça lui reprend. La phrase tourne en boucle dans sa bouche comme un chewing-gum mâché nerveusement.

— Jure sur Allah que t'iras pas voir la police !

Je lui fais face. Sa main valide pointe toujours l'arme vers mon abdomen.

— Fais pas le malin ! répète-t-il pour joindre la parole au geste.

— Non. Je vais rentrer chez moi et m'occuper de mon petit garçon malade.

J'ai un œil sur lui, un autre sur ce revolver qui rappelle ceux des shérifs dans les westerns, avec son long canon et sa crosse brillante. Je le travaille à ma manière. Je joue aux échecs et mise sur les mots pour le neutraliser. C'est sa vie ou la mienne, je le sais. Il aurait voulu que je le soigne dans la voiture, j'ai déjà gagné une manche. « J'ai tout dans le coffre », lui ai-je répété plusieurs fois, conscient que je ne pouvais y accéder qu'en mettant pied à terre. Il a mené la barque jusque-là, mais la situation est doucement en train de se retourner.

La main qui tient l'arme baisse de quelques degrés vers le bas.

Que dire pour le rassurer, si ce mot a encore un sens à cet instant ? Que dire pour que son doigt n'appuie pas sur la gâchette ? J'improvise à nouveau :

— Je ne suis pas violent. Je ne sais pas me battre.

Encore un énorme mensonge, mais il faut que son cerveau enregistre cette information : je suis un être totalement inoffensif. Et pas un professionnel des arts martiaux. Et encore moins un champion de la balayette. Il ne doit pas se douter de quoi que ce soit.

— Ce que tu as fait te regarde. C'est entre toi et Dieu. Je ne suis pas policier.

J'ignore complètement qu'il est « fiché S » – depuis les attentats de 2015, nous savons tous ce que cela signifie. Je ne sais pas que les gendarmes ont trouvé chez lui une clef USB portant la trace de son allégeance à Daech, l'hydre islamiste. Je n'ai pas encore le détail des crimes abominables qu'il vient de commettre avec son révolver et un couteau de cuisine. Je ne sais pas qu'il a laissé sur le trottoir un homme éventré, les tripes à l'air. Qu'un autre, qui tentait de lui faire face, a survécu grâce à son sac à dos à onze coups de couteau de chasse. Qu'une jeune fromagère de 20 ans s'en est sortie de justesse. Qu'une étudiante en médecine de Metz a eu la vie sauve grâce à l'intervention de l'ami qui l'accompagnait, lui aussi étudiant en médecine. Qu'il a tué un jeune touriste thaïlandais venu passer ses vacances à Strasbourg avec sa femme, espérant échapper au chaos perpétré par les Gilets jaunes dans la capitale. Par balle, avec cette arme qu'il collait trois secondes plus tôt sur mon abdomen. Qu'il a tué un journaliste italien, un exilé politique afghan, un jeune Polonais et un conseiller bancaire qui sortait d'une librairie avec un livre consacré au terrorisme et venait de rejoindre sa femme et ses enfants pour fêter sa retraite au restaurant – si cet homme n'était pas sorti récupérer son vélo sur le pas de la porte, il n'aurait pas croisé la trajectoire du tueur.

Que faisait-il derrière la camionnette avant de marcher dans ma direction ? Rechargeait-il son arme ? Il a vu le taxi. S'est focalisé sur moi. Avec leurs badges de parlementaires autour du cou, les Italiens ont échappé d'un cheveu à la mort. J'ai agi sur lui comme un aimant. Les yeux rivés aux miens, il a marché jusqu'à ma portière tel un automate.

— S'ils viennent chez toi, tu vas leur dire quoi ?

Encore une fois, ma réponse doit impérativement lui convenir.

— Je vais dire que je ne te connais pas, que tu es un simple client.

— Jure sur Allah !

— Je jure sur Allah.

Il crie :

— Tu vas aller voir la police, toi ! Ça se voit !

— Non, je ne vais pas aller voir la police, je vais aller voir mon collègue, il attend la voiture.

Il semble si peu convaincu qu'il va me mettre une balle dans la tête. Juste par précaution. Et marcher jusqu'au commissariat par le chemin piétonnier qui s'ouvre au bout de la rue et plonge sous l'autoroute qui relie la France à l'Allemagne, avant de refaire surface entre les arbres, à une centaine de mètres de son objectif.

# 20 h 13

## Je ne veux pas mourir avec lui

Nous sommes tous les deux debout dans le noir derrière la Mercedes, noire elle aussi, sauf ses rétroviseurs gris qui la rendent identifiable entre toutes. Aussi repérable qu'un ballon de foot au milieu de la pelouse. Les témoins ont forcément remarqué ce signe distinctif lorsque l'homme est monté à bord. Ont-ils déjà parlé à la police ? Quinze minutes se sont écoulées depuis le début de cette course vers la mort. Un éclair dans la nuit. Une éternité pour moi. Je suis encore en vie. Les sens aiguisés comme des couteaux de cuisine. Le cerveau bien irrigué. Mes mains, elles, fourmillent de l'envie de terrasser cet adversaire qui n'a que mépris pour les arbitres.

Est-ce qu'on nous regarde ? Est-ce qu'un voisin s'est levé de son canapé, a quitté son téléviseur des yeux pour s'approcher de sa fenêtre et nous observer à l'abri de ses rideaux ou de ses volets ? Est-ce qu'il va appeler la police ?

Trente centimètres nous séparent. Je suis positionné comme je l'ai appris au karaté : à 45 degrés par rapport au corps de l'adversaire. Je scanne l'individu. Un œil sur l'arme, un autre sur son visage. Il porte une petite barbe de quelques semaines tout au plus. Aux pieds, des baskets noires à bandes blanches. Un training noir en guise de pantalon. Une veste noire sous la doudoune. La couleur idéale pour se fondre dans la foule. Pour compliquer la tâche des témoins à l'heure de fournir une description fiable.

Nos yeux sont à la même hauteur. Il doit mesurer 1,82 mètre, un centimètre de moins que moi. Il ne tremble pas, mais un détail m'intrigue : ses pupilles dilatées. Éclatées. J'ai souvent eu affaire à des personnes alcoolisées ou sous l'emprise de la drogue. Je suis sûr qu'il s'est dopé. Il n'aurait pas commis ces crimes sans avoir absorbé un excitant. Pour tenir le choc après avoir été atteint par deux balles d'un calibre militaire – même si la deuxième n'a fait qu'effleurer son mollet –, il faut avoir ingurgité une drogue. J'ai déjà combattu des gars défoncés. Comme ce solide Kanak à qui j'avais mis deux droites sur la mâchoire et un coup sur la tête, lors d'un combat à la loyale. Il m'a regardé et a souri. Je lui ai brisé le genou. Pour rester aussi stoïque, il avait forcément pris un produit.

J'hésite à me battre avec lui. Cette masse sous la doudoune, toujours elle, me freine. Si je frappe, on explose tous les deux. Mes poings fermés lui enverraient déjà un mauvais signal. Je veille plutôt à ne pas bomber le torse et courbe légèrement les épaules pour effacer une carrure qu'il pourrait trouver imposante. Je continue à lui montrer mes paumes, l'air de dire : « que veux-tu que je fasse ? Je suis faible et inoffensif ». Tout plutôt que de lui donner à penser que je pratique les arts martiaux.

Je le regarde de la tête aux pieds sans bouger le menton, pour qu'il n'ait pas l'impression que je le scrute. J'avise ce bras replié et cette main pleine de sang. Je dépose la boîte de mouchoirs et la petite bouteille sur ce bras. Je ne sais pas si cela va lui faire mal. Je sens bien en revanche que ces objets vont l'encombrer, peut-être même le contraindre à une certaine immobilité. C'est le but.

Je ne connais toujours pas son nom, je n'ai d'ailleurs pas envie de le connaître. Je grave dans ma mémoire les traits de son visage. Je le fais automatiquement, sans me douter que ces éléments seront cruciaux pour la police dans les heures à venir. Sans me douter non plus que ces traits m'accompagneront, m'habiteront, m'obséderont pendant des années. Peut-être même toute ma vie. « Si tu fais le malin, je t'allume. »

Je pourrais, là, en une seconde, « faire le malin » et le sécher. Le désarmer. L'envoyer à terre. L'immobiliser. Le mettre KO. Je pourrais.

Mais l'alerte rouge clignote aussitôt : cette bosse sur son ventre, attention Mostafa.

— Peux-tu baisser cette arme ?

— T'inquiète.

Il dit ce mot sur un ton presque badin. Il aurait dit « tkt » en mode SMS, c'était pareil. Mais cette arme n'est pas un jouet. J'imagine sa gamberge : « Je lui mets ou je lui mets pas cette balle ? »

— Je vais rentrer chez moi.

— T'inquiète.

Est-ce l'envie de laver cette blessure ? De stopper ce sang qui coule en abondance ? Est-ce le poids de ces objets qui l'encombrent ? Le canon de l'arme glisse vers le bas. La crosse atteint son training. Il la glisse sous sa ceinture. Enfin.

Ce n'est pas le moment de se poser mille questions. C'est le moment de fuir. De m'éloigner de ce diable. De lui tourner le dos. Je ne veux plus l'entendre crier. Je ne veux plus lui obéir. Je ne veux pas mourir avec lui. Je ne veux plus voir son sang. Je ne veux pas qu'il continue à tuer. À éventrer au hasard de ses pulsions morbides. Je veux qu'ils l'arrêtent une bonne fois pour toutes. Qu'ils le mettent hors circuit.

Déjà deux minutes que nous sommes dans la rue. La main qui tenait l'arme se saisit des mouchoirs et de la bouteille d'eau.

Le premier moment d'inattention doit être le bon. Il n'y en aura pas deux. Je recule légèrement. Je recule encore. Un mètre. Puis deux. J'ai laissé la portière ouverte en misant tout sur cet instant. Je bondis à l'intérieur. Le moteur tourne. Position « démarrer ». Pied droit sur l'accélérateur. Pied au plancher. Démarrage en trombe. Cette Mercedes classe E a du répondant, je la connais. 195 CV. À cause des secousses dues à l'état de la route, le coffre finit par se refermer tout seul dans un claquement qui aurait pu être celui d'une balle. Je me retourne. On se regarde, enfin, je crois. Je suis hors de portée de ses balles et bientôt de ses yeux.

J'ai repris les commandes de mon véhicule. Je suis parvenu à lui fausser compagnie sans attendre sa permission. « C'est bon, tu peux y aller », il n'a jamais prononcé cette phrase. J'aurais attendu son feu vert, j'y serais encore. Je bifurque vers la gauche, rue de l'Hôpital, cette fois de mon propre chef. Je roule une centaine de mètres.

Il faut que j'appelle la police. Immédiatement.

Il est 20 h 13 lorsque je compose le 17 sur mon téléphone. Par réflexe. Mon idée serait de rester à proximité, de l'observer de loin et de guider les policiers jusqu'à lui. J'entends cette musique de Beethoven, ça me crispe très vite. À cause de l'attentat, le standard de la police est saturé. Je raccroche sans attendre.

Le commissariat central est à moins d'un kilomètre, autant y aller directement. J'ai juré sur Dieu de ne pas m'y rendre, mais aucune promesse ne tient face à un cas de force majeure. Je n'ai aucun doute là-dessus. Pas question de rentrer chez moi et de m'asseoir devant la télévision au milieu de ma famille. Il y a un tueur en liberté capable du pire. Mon devoir est de tout entreprendre pour l'empêcher de faire de nouvelles victimes.

Je suis au bout de ma vie, mais mon scénario a fonctionné. Je n'ai pas flanché. J'ai su le rassurer, l'amadouer. J'ai réussi à échapper à ses griffes, à me soustraire au monstre. J'ai sauvé ma vie et je vais livrer tous les éléments en ma possession à la police.

J'appuie un peu plus sur l'accélérateur. Plus question de respecter scrupuleusement le code de la route. Je traverse deux artères sans ralentir, au risque de l'accident. Le feu est rouge, je le grille. J'en grille un deuxième. Je les ai tous respectés depuis que cet homme s'est incrusté dans ma voiture, j'allais dire dans ma vie, car je sais que je ne pourrai jamais l'effacer, l'oublier, le faire disparaître de ma mémoire. Jamais.

Quatorze feux. Tous passés au rouge au moment où j'arrivais à leur hauteur. Quatorze arrêts comme autant de séances de torture. Celui-là est rouge, je le grille aussi. Je pourrais percuter une voiture sortant de l'autoroute, mais la voie est toujours aussi déserte.

Vite. Parler à la police. Leur dire qui est le semeur de mort. Leur fournir suffisamment d'indices pour qu'ils le coincent avant qu'il ne commette, encore, l'irréparable. Ma réflexion s'arrête à ces données.

Moins d'une minute plus tard, j'aperçois l'hôtel de police de Strasbourg. Bleu, blanc, rouge, les couleurs s'affichent dans la pénombre au-dessus de la porte d'entrée du grand bâtiment. Pas le temps d'effectuer une approche dans les règles. Je franchis la ligne blanche et dépose la voiture au pied de l'immeuble, à contresens. Le compteur affiche un montant de 15 euros. Le prix de cette course au bout de la mort.

Je sors, claque la portière et me mets à courir. Le plus vite possible. Je survole les sept marches, porté par une force trop longtemps cadenassée. La grille est baissée devant la porte en verre. Je frappe. Une fois, deux fois, trois fois. Vont-ils m'entendre ?

— Ouvrez ! Ouvrez !

Je ne me retourne pas, mais c'est comme si le terroriste était toujours derrière moi. Comme s'il m'avait suivi. Comme s'il était à moins d'un mètre de moi, son arme prête à servir.

Deux agents de police approchent, un homme et une femme. Ils me braquent avec leurs armes :

— Qu'est-ce que vous voulez ?

Je crie :

— Je suis chauffeur de taxi ! Je viens de me faire braquer par quelqu'un qui dit avoir commis un attentat ! Je l'ai déposé rue de Belfort ! Il faut aller le chercher ! Tout de suite !

Il ne manquerait plus qu'ils ne me croient pas. Mais non, ils ouvrent la grille.

— Rentrez vite !

Je me retrouve au milieu d'une trentaine de policiers. En terrain ami. Je reconnais la brigadier-chef, avec ses cheveux courts. « Si vous voulez, je vous emmène sur les lieux », je leur dis. Cette proposition glisse sur leurs uniformes comme l'eau dans la gouttière. Personne ne semble y croire, alors que l'homme est toujours activement recherché par leurs collègues dans les ruelles du centre-ville. Très vite, je livre les éléments qui me semblent essentiels à sa neutralisation. De type maghrébin, il a entre 25 et 30 ans. Les cheveux courts, une petite barbe, il mesure un peu plus de 1,80 mètre. Il dispose d'une arme.

— Vous l'avez laissé où exactement ?

— Devant le 21 rue de Belfort. Il est blessé. Il est armé d'un revolver à barillet. Il a peut-être une grenade sur lui, la masse sous sa longue doudoune est conséquente. Il porte un training noir et des Nike aux pieds. Je lui ai donné une bouteille d'eau et un paquet de mouchoirs.

La peur est palpable sur tous les visages. Une femme d'origine africaine, venue sans doute porter plainte avec ses enfants pour une raison que j'ignore, me regarde comme si j'étais tombé du ciel. La brigadier-chef jette son poste radio par terre et s'énerve : « Donnez-moi une radio qui marche ! »

— Vous avez autre chose à nous dire ?

Je retrouve subitement des forces. Je suis plus que jamais remonté contre cet homme qui vient de me prendre en otage.

— Il m'a dit qu'il venait de tuer dix personnes. Venez, on va le chercher.

Les radios crépitent. Je viens de livrer le premier signalement crédible du terroriste. Je parle, mais n'appréhende pas encore la portée de l'événement que je suis en train de vivre, encore moins la force du tsunami qu'il va provoquer dans ma vie. Les policiers me calment.

— Suivez-nous. On va vous mettre dans un bureau sécurisé. On viendra vous interroger.

Mon téléphone sonne à 20 h 29. Ma fille est très inquiète.

— Ne va pas au centre-ville, papa ! Il y a une fusillade.

— Je suis en plein dedans.

— Je ne rigole pas, papa !

— Je suis avec les policiers. Je vous rappelle plus tard.

Je ne lui en dis pas plus. Ce n'est pas le moment. L'urgence est ailleurs.

Je suis seul dans un petit bureau. J'ai beau me concentrer, je peine à comprendre ce qui m'arrive. J'ai transporté un terroriste. Je suis le témoin principal d'un attentat. Une nuit, j'ai chargé un client non-voyant qui sortait de soirée et qui a exigé que je lui confie le volant de ma Mercedes. J'ai louvoyé entre gêne et fou rire, mais il était prêt à payer pour ressentir cette sensation. J'ai bien sûr refusé et j'ai dû faire l'impasse sur les 12 euros de la course. J'ai eu à bord un non-voyant qui voulait conduire, mais jamais un terroriste.

J'ai beau reprendre mes esprits, je peine à réaliser que je viens de sauver des vies, et pas uniquement la mienne. Je suis sous le choc. Je plane, comme si j'étais extérieur à ces événements, incapable à cet instant précis de revendiquer une quelconque action héroïque. C'est même l'inverse.

Il est dans la nature. À cause de moi, une famille risque d'être prise en otage. Je m'en veux de ne pas avoir su le démolir. Tout cela à cause de cette masse non identifiée au niveau de son ventre.

Je ne tiens pas en place. Je fais les cent pas dans le couloir. Ils le recherchent autour du marché de Noël, mais il est là, à portée de main, et la police ne dispose même pas d'un chien pour le débusquer. S'il n'avait pas réussi à blesser l'un des trois militaires de la force Sentinelle, ils l'auraient probablement abattu, mais ils se sont arrêtés pour soigner leur collègue et il a disparu dans la pénombre de la rue du Savon, avant de se fondre parmi des promeneurs tellement terrorisés qu'ils ont attesté avoir vu plusieurs individus, et même un fusil-mitrailleur de type kalachnikov.

Voilà dix minutes que je suis dans ces lieux lorsque des coups de feu claquent à l'extérieur. C'est lui, j'en suis certain. Il a nettoyé sa plaie. Il a bu le reste de l'eau. Il a préparé son arme, puis il s'est remis en marche. Il connaît tous les chemins du secteur, en particulier celui qui passe sous l'autoroute et permet de rejoindre l'hôtel de police.

Je me dirige vers l'accueil pour en savoir plus. Un policier réclame des munitions pour son HK, un fusil-mitrailleur qu'il tient à bout de bras : « Un chargeur, vite, un chargeur ! » Puis il vole au secours de ses deux collègues motards, mis en joue depuis un talus voisin. Le terroriste a vidé son barillet avant de disparaître entre jardins, ruelles et passages secrets. Je les avais prévenus, mais ils se sont quand même laissé surprendre. J'espère qu'il n'y a pas de blessés. Je reste convaincu qu'en se rendant immédiatement rue de Belfort on l'aurait eu, mais ce n'est pas moi qui décide.

« T'inquiète. » Son dernier mot sonnait tellement faux. Comme tout le personnage. Maintenant, ce type cherche des complices pour revenir en force. Je n'ai pas été bon. J'ai perdu ce combat. Je l'ai laissé partir. Alors que j'aurais pu le maîtriser, moi, le karatéka multimédaillé.

Un commandant s'approche de moi.

— Merci d'être venu nous voir », me dit-il, le visage plein d'une sincère reconnaissance.

Ses mots me vont droit au cœur.

# 21 h

## Je l'ai mis échec et mat

Il est 21 heures lorsque le directeur du SRPJ (Service régional de police judiciaire) de Strasbourg, Christophe Allain, vient à ma rencontre.

— Merci d'être venu au commissariat, me dit-il. Vous êtes un héros. Montez avec moi. On a besoin de votre témoignage.

Après les mots du commandant, ses paroles me font le plus grand bien. Je n'ai pas tout fait de travers. Je lui emboîte le pas jusqu'à l'ascenseur. Son téléphone sonne. « Oui, monsieur le ministre, je suis avec le chauffeur de taxi. » Christophe Castaner suit les événements en direct depuis la cellule de crise de la Place Beauvau.

— Merci pour votre courage, poursuit le commissaire, alors que nous avançons désormais dans le couloir du deuxième étage. Des hommes comme vous, il n'y en a plus beaucoup. Vous voulez boire quelque chose ?

— Oui, je veux bien un café.

Je suis un amateur de café, mais l'espresso qu'il me tend n'a pas le même goût que les autres. J'avais besoin de le boire pour exister.

— On va venir vous chercher pour vous interroger.

Je déguste ce café goutte après goutte, comme pour me persuader que je ne rêve pas, tandis que le patron du SRPJ, en costume cravate, rejoint la salle de commandement. L'air inquiet, mais calme.

Des policiers s'agitent autour de moi. J'en reconnais certains, croisés à la gare lorsque j'attendais des clients. J'avais tout imaginé, un déluge, un tremblement de terre, mais pas d'être propulsé au cœur d'une enquête criminelle.

Dix minutes plus tard se présente un policier, blond et barbu, puis un deuxième et un troisième.

— Suivez-nous.

— Est-ce que je peux garder mon café ?

— Oui, bien sûr.

Pascal, le policier blond, un capitaine, prend place en face de moi.

— Racontez-nous ce qu'il s'est passé.

Je déroule mon histoire. Ses collègues restent debout et m'écoutent. Les questions pleuvent dès que j'ai terminé mon récit.

— Que faisiez-vous à cet endroit, place des Moulins ?

— Montrez-nous exactement votre itinéraire.

Je détaille, pas surpris de cette insistance. Ils font leur métier. Je n'ai rien à cacher. Je leur livre tout ce que je sais. Le capitaine consigne quelques notes sur un calepin. Le directeur passe une tête, histoire de prendre la température. Je reviens à la charge, obsédé par cet homme que j'ai laissé dans la nature :

— Il y a du sang dans ma voiture. Faites venir des chiens. Il n'est pas très loin. Vous le retrouverez.

Le capitaine me demande de reprendre mon récit, à la recherche d'une incohérence, d'une invraisemblance, mais surtout d'un fait nouveau.

— Il m'a dit que ce matin, les gendarmes étaient venus chez lui. Ils ont trouvé une grenade, des armes et autre chose.

Tout bascule à cet instant. Un des policiers court rejoindre le directeur. Il revient avec une bonne nouvelle :

— Nous avons une fiche de recherche.

Les gendarmes ont diffusé une note après l'avoir raté à son domicile. Mon passager était *wanted*. Cinq minutes plus tard, séance de tapissage, comme on dit dans le jargon. Les policiers alignent devant moi une cinquantaine de photos, lot dans lequel figure la personne recherchée. Je me focalise sur la photo N° 4. L'homme porte la petite marque caractéristique sur le haut du front.

— C'est lui !

— Vous êtes formel ?

— Oui. À 2 000 %.

Comme une traînée de poudre, le prénom et le nom du terroriste se répandent dans les couloirs et les étages de l'hôtel de police : Chérif Chekatt, 29 ans, issu d'une fratrie de onze enfants, première mention au fichier des antécédents à 14 ans, 27 condamnations au compteur. Sa photo est presque aussitôt accessible depuis tous les terminaux mobiles de la police.

Il est environ 22 heures. Ma partie d'échecs avec cet individu est terminée. Il a joué avec moi et il a perdu. Je l'ai mis échec et mat, enfin presque. Trois heures seulement après la tuerie, la police dispose du nom du terroriste, de son adresse et de son pedigree. Au boulanger de ne pas brûler le pain pétri par l'amateur que je suis : forte de ces éléments, elle entame dès maintenant avec lui une partie de dames qu'elle n'a pas le droit de perdre.

Je sais d'ores et déjà que je ne prononcerai jamais le nom du criminel, probablement jusqu'à mon dernier souffle. Il sera le *terroriste*, le *diable*, le *criminel*, l'*assaillant*, l'*assassin*, le *meurtrier*.

Je bois mon café à petites doses pour savourer l'existence. Le sentir sur mes lèvres, même tiède, est tout simplement merveilleux. Je ne veux surtout pas le terminer.

Le capitaine m'interroge à nouveau sur ses blessures. Je ne lui parle ni de mon ressenti, ni des prières que j'ai faites, ni des détails de mon face-à-face avec la mort. Mais une phrase me revient, qu'il a prononcée plusieurs fois : « Les mécréants, il faut tous les éliminer. » Pour les policiers, elle qualifie les faits. Elle sonne comme une signature, presque une revendication.

Le capitaine se met derrière son ordinateur. Il est temps de rédiger le premier procès-verbal de ce dossier. Je reprends mon récit une nouvelle fois, en détail.

Il est 1 h 30 lorsque le policier, calepin à la main et arme à la ceinture, me demande de l'accompagner à l'extérieur pour récupérer la Mercedes et la descendre au sous-sol du commissariat. Le bâtiment est encerclé par des hommes en armes. Je me trouve un peu à découvert sans gilet pare-balles, mais je ne dis rien. J'imagine qu'ils savent ce qu'ils font.

Au sous-sol, je tombe nez à nez avec un groupe d'hommes cagoulés. Probablement une équipe du RAID venue en renfort. L'un d'eux me serre la main avec un « Bravo » qui me remet d'aplomb. Pas pour longtemps, car le froid s'immisce en moi au point de me donner la tremblote. Je vois bientôt arriver deux personnes vêtues de combinaisons blanches et masquées. La police scientifique. « Par où il est entré ? », « Il s'est assis où ? », « Il est monté devant ? ». Je les guide de mon mieux.

— Il a laissé tomber quelque chose ?

— Je ne sais pas, vous pouvez vérifier.

Ils passent le taxi au peigne fin, prennent des photos, effectuent des prélèvements. Et finissent par m'oublier complètement. Personne ne voit que je grelotte. Personne ne me propose cet autre café qui vaudrait son pesant d'or.

Mon téléphone n'arrête pas de vibrer. Des clients. Des collègues. La société avec laquelle je travaille. Je ne décroche pas. Je ne réponds même pas au message de Myriam, notre voisine policière, qui voudrait des nouvelles et m'épaulera plus que jamais dans les heures et les jours qui suivront. Je ne saisis toujours pas ce qui vient de m'arriver. Je suis en colère. Je ne suis pas bien. J'aimerais partir, rentrer chez moi. Me laver les mains, effacer ces taches de sang. Enlever cette chemise blanche, elle aussi souillée de son sang.

Sont-ils à ce point concentrés qu'ils ne se préoccupent pas de mon sort ? Est-ce ce qu'on appelle l'effet tunnel ?

La France déplore des milliers de blessés et plusieurs centaines de morts depuis l'apparition sur son sol, en 1995, d'un terrorisme qui se revendique de l'islam. Pourtant, l'institution policière semble désemparée comme si c'était la première fois. Comme si elle n'avait acquis aucun savoir-faire pour traiter les victimes.

J'ai l'impression qu'ils ne maîtrisent rien. La peur se lit dans leurs yeux et elle est contagieuse. Les simulations auxquelles ils se livrent, les exercices censés les préparer laissent bien peu de réflexes à l'heure où s'invite le réel. Je suis très attaché à l'institution policière, mais à cet instant, elle ne me protège pas. En me traitant comme un témoin, ils oublient que je suis aussi une victime et que j'ai besoin de soutien.

Vers 3 h 30, je vois enfin arriver un chien. Il vient d'une antenne de la gendarmerie basée à une cinquantaine de kilomètres. Sa maîtresse l'invite à flairer les taches de sang sur le cuir de la banquette arrière. Je pensais naïvement que le chien partirait aussitôt à la recherche de celui qui a perdu cette hémoglobine, mais le réel ne ressemble pas toujours aux films.

Il est plus de 4 heures lorsqu'ils me libèrent. Ils ont aspiré tout ce dont ils avaient besoin. Ils m'ont vidé de toute ma substance. Et voilà, c'est terminé. Aussi brusquement que cela a commencé. « Merci d'être venu, au revoir, on vous appellera si nécessaire. » Personne n'a pensé que la visite d'un docteur aurait pu me rassurer. Personne n'a même jugé nécessaire de prévenir ma famille. « Merci et au revoir. »

Je suis costaud, physiquement et moralement, mais une vague me submerge lorsque je me rassois à ma place de chauffeur. Le compteur marque 250 euros, ou 300, je ne sais plus. Je le laisse tourner. Je dois maintenant rentrer chez moi, seul, dans la nuit.

Premier barrage sur le pont qui enjambe le canal dans lequel j'avais imaginé me crasher au volant du taxi. Trois policiers cagoulés. L'un d'eux me reconnaît et soulève sa cagoule. « Ça va, Mostafa ? Pas trop dur ? Allez, courage à toi ! »

Nouveau contrôle au premier feu rouge, la police municipale, cette fois. Le confinement général vient d'être levé. Les gens sortent des restaurants, des magasins et des stades où ils ont été retenus une bonne partie de la nuit. Une femme me hèle :

— Monsieur, vous pouvez nous déposer dans le quartier de Neudorf ?

— Non, je suis pris, et puis le quartier est bouclé.

J'essaye de joindre Djamel au téléphone. Je voudrais le remercier de m'avoir appelé. Pas de réponse. Je passe devant la gare sans le trouver. Je ramène la voiture à la station où je la laisse toutes les nuits. Elle doit être nickel, comme d'habitude. Il ne me faut pas moins de deux bouteilles d'eau et de deux serviettes pour nettoyer le sang collé à la banquette, à l'accoudoir et au tapis de sol. Puis je regagne ma voiture personnelle, garée non loin de là – mon collègue récupérera le taxi sans que j'aie pu le prévenir de ce qui m'était arrivé, avant de comprendre lorsque les journalistes fondront sur la Mercedes noire aux rétroviseurs gris chromés.

De nouveau au volant, je roule doucement jusqu'à la maison. Lorsque je passe la porte, ils se jettent tous sur moi. Ma femme, mon petit dernier, mes filles. Ils me touchent, en pleurs. Je pleure aussi. Le stress et la terreur se lisent dans leurs yeux. Depuis qu'ils ont reconnu mon taxi, garé en travers de la rue devant le commissariat, sur l'écran de télévision, ils ont imaginé le pire. On s'effondre sur le canapé. Le petit se met sur mes genoux. Il est choqué. Il garde les jambes droites devant lui. Hypnotisé par les images de la télé, je l'entends poser sa terrible question :

— Le terroriste, il va sortir de sous le canapé ?

Comment le rassurer alors que je suis encore sous le choc ?

Vers 6 heures, je les envoie tous se coucher. J'ai l'estomac noué, pas envie de dormir. Je rejoins le bureau qui abrite notre commerce d'épices, non loin de chez nous. Me sers un café.

Fonds de nouveau en larmes, moi, le gars *costaud*. Notre carnet de commandes est plein, mais la pression laisse place à la peur, le sang-froid à l'inquiétude. La soupape saute. Est-ce qu'il va me retrouver ? A-t-il des complices dans la nature ? Malgré toutes les forces déployées, malgré le nombre, leurs armes, le RAID, l'hélicoptère, malgré ses blessures aussi, il leur échappe. Mon imagination, elle, galope.

*

De retour vers 7 heures à la maison, j'ai le douloureux sentiment que ma vie vient de se figer.

Le premier SMS arrive sur mon téléphone peu avant 11 heures : « Bonjour Mostafa, mes excuses pour le dérangement. Je suis journaliste pour Rue 89 Strasbourg. Est-ce que vous pouvez m'appeler dès que vous avez un moment ? J'aimerais vous interviewer sur ce qui s'est passé cette nuit… À tout à l'heure. » Un autre suit bientôt : « Nous sommes devant chez vous. » J'aperçois effectivement un véhicule devant la porte. Panique. Il est bien trop tôt pour montrer mon visage. Je réveille ma femme.

— Il y a des journalistes devant la maison, il faut qu'on parte. Vous sortez par-devant. Vous prenez la voiture et vous me récupérez plus loin.

Le plan fonctionne comme prévu. Les journalistes n'ont pas bougé. Nous roulons jusqu'à chez mes beaux-parents.

Le repas est prêt, mais je ne prends qu'un café. N'ayant pas dormi depuis quarante-huit heures, je suis sonné. Ma belle-sœur, Saïda, qui travaille pour le Conseil de l'Europe, prend les opérations en main. Elle contacte une amie qui officie au cabinet du maire de Strasbourg. Je reçois rapidement un appel de Chantal Cutajar, adjointe au maire. Sur son conseil, la solide Saïda nous conduit vers 15 heures jusqu'à la cellule médico-psychologique d'urgence, ma femme, les enfants et moi. Je suis au plus mal, l'esprit fixé sur ce terroriste qui erre dans la nature. Une femme très douce me demande de la suivre dans un endroit moins exposé aux médias. Chef de service en psychiatrie, elle écoute le récit de mon périple, avant de me voir m'effondrer. Mes enfants se pressent pour me consoler. La psychiatre ne peut que constater mon état de stress et cette peur qui s'installe. J'ai livré le terroriste à la police sur un plateau en or et elle m'a laissé dans la nature. Pas un instant sans que je pense aux complices qu'il pourrait envoyer pour m'éliminer. Le procureur de la République, dans son intervention publique, n'a-t-il pas mentionné sept fois « l'importance du témoignage du chauffeur de taxi » ? Il a aussi confirmé le bilan de l'attentat : cinq morts et onze blessés, dont six gravement touchés. Le résultat d'un seul homme. Sans les armes automatiques de ceux qui ont attaqué *Charlie Hebdo*, ni les ceintures explosives de ceux du 13 novembre 2015, ni le camion du terroriste de Nice. Cinq morts et onze blessés simplement avec une arme de collection et un couteau – il n'est nulle part fait mention d'une grenade.

La psychiatre prend la peine d'appeler directement le chef de la police judiciaire pour lui signifier que ma famille et moi avons besoin d'une protection.

— Envoyez-les-moi, je verrai ce qu'on peut faire, répond le commissaire.

Une fois la voiture garée, je rejoins l'hôtel de police, vaguement dissimulé sous une casquette, une capuche et un foulard, pour tromper les photographes. Ma femme et mes enfants m'accompagnent, on ne se lâche plus. Nous sommes venus chercher de l'aide, mais cela ne va pas exactement se passer comme je l'imaginais.

J'explique l'objet de notre visite à l'agent en charge de l'accueil.

— Je suis le chauffeur de taxi. Je viens voir le directeur de la police judiciaire.

Un gaillard déboule une dizaine de minutes plus tard dans ce hall rempli de monde et clame à la cantonade, sans précautions :

— Il est où, le chauffeur de taxi ? Il est où Salhane Mostafa ? Ah, y a toute la famille !

Je vois des téléphones sortir des poches. Ils veulent tous une photo du chauffeur de taxi. J'ai la désagréable impression d'être montré du doigt. Ma fille se dresse devant moi en tendant une écharpe. Ma femme proteste vigoureusement :

— Qu'est-ce que c'est que ces manières ?

On nous fait ensuite attendre dans un couloir où nous ne sommes pas seuls. Un vrai ballet.

La pression monte d'un cran lorsque je suis aspiré dans un bureau. Une équipe d'enquêteurs de la sous-direction antiterroriste est arrivée de Paris. Dès le premier instant, je ne suis plus témoin, mais suspect. De ma famille, de nos inquiétudes, de ma protection, il n'est nullement question.

— Quelque chose ne va pas, je dois vous interroger, commence le grand gaillard venu me chercher à l'accueil. Vous êtes d'accord ?

— Bien sûr.

Il pivote sur sa chaise, de droite à gauche, tout en m'observant.

— Je ne comprends pas le circuit que vous avez emprunté, embraye-t-il. Que faisiez-vous place des Moulins ? Quelque chose ne colle pas dans votre témoignage.

— Je suis venu ce soir de mon plein gré pour vous apporter mon concours. Je vous ai tout donné. J'ai tout dit à Pascal.

— Vous connaissez Pascal ?

— Non, mais j'ai passé huit heures avec lui cette nuit. Posez-moi vos questions. Je vais vous répondre.

Je ne suis plus l'allié que j'étais hier soir. Je suis interrogé comme un potentiel complice du terroriste. L'enquêteur qui me fait face met en doute ma parole. L'itinéraire que j'ai décrit, celui qu'a choisi l'assassin, ne lui convient pas. Et cette suspicion m'est insupportable. Après la nuit que je viens de vivre, le ton monte forcément. Affaibli par le manque de sommeil, je m'emporte un peu :

— Je ne suis pas là en tant que complice de faits que je n'approuve pas. Même dans mes rêves, je désapprouve ce qu'il a fait. J'ai un fils policier. Si vous pensez que j'ai quelque chose à voir avec le terroriste, faites votre travail. Mais je ne veux pas de vos sous-entendus.

J'ai entraîné beaucoup de policiers aux sports de combat. Je ne les incrimine pas, il est naturel qu'ils cherchent à comprendre. Mais ils m'ont planté au milieu de la rue au petit matin sans même s'être donné la peine d'appeler ma famille. Ils n'ont pas pris la précaution de conserver la voiture, cette pièce à conviction, renforçant en moi un puissant sentiment d'abandon. Et voilà qu'ils me traitent comme si j'étais du côté de cet individu qui vient de précipiter ma vie dans le chaos ! Un terroriste tue à tout-va pendant quinze minutes. Son parcours criminel terminé, un taxi est là et l'emmène au commissariat. Le film est trop beau à leurs yeux. Pour couronner le tout, le chauffeur de taxi est arabe et musulman.

Au bout de deux heures de ce traitement, le policier m'invite à relire et à signer le procès-verbal. Je signe, mais à bout de forces, je ne relis pas.

Je me retrouve dans le couloir. Ils ont fait sortir mes enfants, qui attendent un peu plus loin dans un camion de CRS. Je parle karaté avec une commissaire, jusqu'au moment où je sens une présence dans mon dos. Me retournant, j'entrevois le visage d'une femme d'une soixantaine d'années, le regard vide. Je murmure à l'oreille de la commissaire :

— Mais c'est la mère de l'autre ?

— Oui, oui.

Me voilà donc à quelques mètres de la famille du terroriste, comme si j'étais un criminel parmi les criminels. Simple négligence ? Manque de professionnalisme ? Choix mal-intentionné ? Je viens chercher la sécurité et on me met en danger. Se moquerait-on de moi ? Je hausse le ton :

— Attendez, il y a quelque chose qui ne va pas ? C'est quoi cette histoire ?

— Venez, on va dans le bureau du directeur.

Deux amies policières ramènent à cet instant ma femme et les enfants. Le directeur du SRPJ inverse heureusement la vapeur :

— Votre père est un héros, dit-il à mes enfants. Vous pouvez être fiers de lui. Monsieur Salhane, la France vous remercie pour ce que vous avez fait.

Il me tape amicalement dans le dos. La suite de son propos n'est cependant pas rassurante :

— Rien ne laisse présager qu'il puisse s'en prendre à vous, mais on ne l'a pas retrouvé. Pour écarter tout risque, il serait préférable que vous alliez vous mettre au vert.

Me « mettre au vert » ?

— On peut vous prendre une chambre d'hôtel, insiste-t-il.

Je décline, évidemment. Pas question de laisser notre belle maison, ni d'abandonner ma famille, ce serait pire que tout. Ce n'est pas à moi de me cacher, mais à la famille de ce terroriste.

— Nous sommes six, qui va prendre tout ça en charge ? questionne ma femme.

— Je comprends, mais prenez des précautions, répond le commissaire, parfaitement au fait de la faiblesse des moyens de l'administration. Quoi qu'il en soit, n'entrez surtout pas en contact avec les médias. Restez en sécurité et ne donnez aucune indication à vos amis sur l'endroit où vous serez. Quand vous circulez, faites trois fois le tour du rond-point pour vérifier si vous êtes suivi.

Le parcours commence par une nouvelle mise en scène destinée à tromper les journalistes qui m'attendent à l'extérieur du commissariat. Des policiers nous accompagnent jusqu'à notre voiture, tous camouflés. Comme dans un film, il s'agit maintenant de brouiller les pistes.

La nuit est tombée et le froid avec. Lâchés dans la nature à nouveau, nous nous réfugions chez ma belle-sœur. Seul Pascal, le premier policier qui m'a interrogé, se rappelle à moi. « Si un détail te revient, fais-moi signe. » Lui non plus n'a pas dormi depuis deux jours.

Dehors, la traque continue. Qui va enfin neutraliser mon dernier client ? Car j'en suis convaincu : plus jamais je n'exercerai comme chauffeur de taxi.

# Je paie le prix fort

Voilà quarante-huit heures que j'ai cogné à la porte du commissariat. Le criminel est toujours en cavale. Toutes les forces de police disponibles le traquent dans le quartier de Neudorf, où les habitants restent confinés. David, mon ami gynécologue et karatéka, insiste pour que je vienne chez lui avec ma femme, pour décompresser. La veille, il m'a appelé :

— Le taxi, c'est toi ?

— Oui, c'est moi.

Il argumente :

— Viens, on discutera.

Je finis par accepter. La vie ne doit pas s'arrêter. David me rappelle bientôt pour savoir où nous en sommes, mais la route n'est pas libre. Inquiet de la présence dans la rue, près de notre maison, d'un véhicule 4 × 4 avec deux hommes à bord, je panique lorsque je les vois forcer le portail et entrer dans le jardin. Ma femme entrouvre la porte.

L'un des gars, cheveux grisonnants, appareil photo à la main, met le pied dans la porte en disant :

— Le chauffeur de taxi, on veut voir le chauffeur de taxi ! On cherche Mostafa, c'est très important !

— Je ne vois pas de quoi vous parlez, réplique Rabia le plus calmement possible. Je vis ici avec une amie, il n'y a pas de chauffeur de taxi.

Voyant que l'intrus ne lâche pas, j'appelle mon avocat qui m'invite à contacter la gendarmerie. Lorsque les gendarmes arrivent, vingt minutes plus tard, les journalistes sont repartis. La cheffe des gendarmes me serre dans ses bras pour me réconforter, mais l'un de ses collègues ne peut s'empêcher d'ironiser : « Costaud comme tu es, tu n'as pas pu le maîtriser ? » Je lui raconte en quelques mots comment les événements se sont enchaînés. Il me fait dans la foulée une confidence qui me va droit au cœur :

— Je dois te remercier, Mostafa, parce que plusieurs de nos épouses dînaient avec nos enfants dans un restaurant juste à côté de l'endroit où tu l'as pris en charge.

— Si j'avais pu le maîtriser, sois sûr que je l'aurais fait. J'ai pesé le pour et le contre et j'ai tout fait pour rester en vie.

« T'es où ? me demande David, qui appelle de nouveau. Dépêche-toi, Jean-François est à la télé ! — On est en route, David, on arrive. »

Jean-François est l'ami de David. Karatéka comme nous, commissaire de police, il est directeur départemental de la sécurité publique à Strasbourg.

À peine avons-nous serré les mains des invités, ce 13 décembre, que tous les regards sont de nouveau aimantés par l'écran de télévision. Ce n'est pas en ces termes que le présentateur annonce la nouvelle, mais ils ont vidé 75 cartouches dans le corps du terroriste. Ils étaient quatre, une patrouille de la BST, chef de bord compris, un fonctionnaire que je connais. Depuis leur Kangoo, à travers un mégaphone, ils ont hélé cet homme qui a fait mine, en les apercevant, de composer le code d'entrée d'un immeuble. « Retournez-vous, monsieur ! » L'homme s'est retourné pour leur tirer dessus. Pas de négociation possible. Trois des policiers ont répliqué avec leur arme de poing. Le quatrième a vidé le chargeur de son HK. C'est lui, le bon tireur, mon nouvel ami. La porte en verre de l'immeuble, celle du 74 rue Lazaret, a volé en éclats. Le terroriste est tombé l'arme à la main sans avoir eu le temps de presser à nouveau la gâchette.

— Tu es sûr que c'est lui ? s'écrie ma fille, qui est avec nous et me met sous les yeux l'écran de son téléphone, avec une photo de la personne abattue.

— Oui, c'est bien lui, mais il ne portait pas cette doudoune avec un col en fourrure.

J'envoie aussitôt un message à Pascal, le premier policier qui m'a interrogé, pour lui signaler ce détail qui a son importance : il a forcément des complices dans le quartier, à qui il a pu parler de moi. Cela ne lui a pas échappé.

Outre les vêtements, il y a d'autres indices : des compresses ont été retrouvées. De la nourriture lui a aussi été apportée. Il disposait d'ailleurs d'un outil de communication, un téléphone bon marché. Il n'était donc pas seul.

Vers 21 heures, je reçois ce message de mon avocat : « Important ! Surtout, n'allez plus chez vous jusqu'à nouvel ordre. Envoyez des proches chercher vos affaires en cas de besoin. Et faites enlever votre nom sur votre boîte aux lettres. »

Il est mort. Les invités n'en finissent pas de se congratuler. Ma femme se surprend, elle aussi, à applaudir. Je devrais certainement me réjouir, mais je sens déjà l'amertume prendre le dessus. Je suis soulagé tout en restant sur mes gardes. Je ne suis pas tranquille. Je ne sais pas me réjouir de la mort de quelqu'un. Je pleure. David me console. « Regarde, Mostafa, Jean-François est encore à la télé, près du ministre ! » Je reconnais aussi le directeur de la police judiciaire, qui m'a reçu. Tout cela est bien réel. J'accepte le verre qu'on me tend, mais suis encore une fois incapable de toucher à la nourriture. Trop noué. Je leur avais dit qu'il était dans le secteur et il n'en a pas bougé. S'il avait tué une seule personne supplémentaire après m'avoir échappé, je ne l'aurais jamais digéré.

Il est sorti de son terrier et il est mort ; moi, je suis bel et bien vivant. Je suis au milieu de ces amis qui m'entourent et me soutiennent. Mais je sens que je ne suis plus le même. La vie qui s'annonce prend la forme d'un parcours du combattant. Une puissante poussée de fièvre me submerge.

Le 17 décembre, j'accompagne ma femme à notre domicile pour récupérer du linge. On sonne à la porte. Encore un journaliste. Rabia lui assure, comme les fois précédentes, qu'il y a erreur sur l'adresse. Il fait le pied de grue devant la maison. Elle opère une diversion, le temps que je descende la rue à pied, jusqu'à un snack où elle me récupère après avoir vérifié qu'elle n'était pas suivie.

Les journalistes sont à mes trousses. Ils soudoient des collègues à la gare pour obtenir mon adresse et mon numéro de téléphone. Ils s'invitent chez moi. Poussent la porte, caméras à la main. Escaladent les murs. S'incrustent.

Mais je n'ai aucune envie de m'exprimer.

L'absence d'image du chauffeur de taxi présente cependant un inconvénient majeur : celle de laisser libre cours à l'imagination du grand public. Et si je n'existais pas ? Et si j'étais un complice du terroriste ? Un homme seul peut-il vraiment orchestrer un tel carnage sans complices ?

Je n'ai pas la force de démentir. Ces quinze trop longues minutes m'ont vidé. Je suis la preuve vivante que cette prise d'otage a bien eu lieu, mais suis-je vraiment en vie ? J'ai jeté toutes mes forces dans cette bataille. En attendant, je constate que le mal fait plus vendre que le bien. Que le bilan macabre d'un illuminé, sa vie, son œuvre, se vendent comme des petits pains.

Je ne cesse de pleurer et regarde, impuissant, les autres s'emparer de ma propre histoire. La gorge serrée, je n'ai même plus de voix. Je reste sans cesse sur le qui-vive, grignoté par le souvenir de ces minutes entre vie et mort. Les policiers ont achevé de m'essorer. Avec leurs consignes de sécurité drastiques, ils ont même installé chez moi le début d'une psychose. Le simple fait de me rendre à la boulangerie devient difficile. Et quand le président de la République Emmanuel Macron arrive dans les locaux de la cellule de crise, je m'éclipse pour fuir les cinquante journalistes qui débarquent dans son sillage.

Je m'emploie cependant à tenter de rassurer mes propres parents sur mon sort. « Tenter », parce que je manque de conviction, comme si j'avais glissé dans un fossé incertain et que j'avançais à tâtons.

Le 20 décembre, je suis convoqué à l'hôtel de police par deux agents, avec mon épouse et mes enfants. Le bâtonnier de Strasbourg a pris attache avec le procureur Rémy Heitz pour lui signaler notre profond désarroi, en insistant sur notre crainte persistante de représailles.

— Vous avez le droit à une protection, mais il va falloir changer de nom et déménager, m'annonce un policier. À partir de là, c'est nous qui gérerons vos contacts avec votre famille.

Je décline évidemment cette offre. Je refuse de fuir comme si j'étais le criminel. Ce n'est pas à moi de raser les murs et de vivre masqué. Ce n'est pas à moi de partir : c'est aux proches du terroriste d'être expédiés loin de nous.

Les policiers se dégagent de toute responsabilité. Dont acte. Je travaille depuis l'âge de 16 ans. J'ai commencé chez un distributeur de boissons, puis j'ai livré des frigos et des machines à laver dans l'Alsace profonde, guidé par un père droit comme un « i ». Je n'ai jamais vécu au crochet de l'État, ce n'est pas aujourd'hui que je vais commencer.

Le 26 décembre, Rabia nous pousse à réintégrer notre maison, où une alarme a été posée, ainsi que des caméras de surveillance. Nous y vivons cloîtrés, une chaîne d'information en continu allumée en permanence en guise de passerelle avec le monde extérieur. Un flux qui a tendance à m'anesthésier, mais c'est peut-être ce que je recherche.

Ce premier nouvel an est un cauchemar. Myriam et son mari, policier lui aussi, chez qui mon dernier fils aime passer la nuit parce que ça le rassure, sont avec nous. Je produis un effort intense pour tenter de préserver l'esprit festif du réveillon. L'heure des pétards me met cependant les nerfs tellement à vif que j'interdis à Naïma de rejoindre ses copains dans la rue. Je suis assailli par l'idée que ma fille, en sortant, se mettrait en danger, au point de laisser exploser une colère que je ne me connaissais pas.

Je pleure à nouveau lorsque le préfet me demande, un mois après les faits, de réitérer mon récit dans son bureau.

— Vous allez rebondir, vous êtes un karatéka ! me lance Jean-Luc Marx en me serrant dans ses bras.

Il sait de quoi il parle, puisque lui-même pratique cet art martial. Mais le karaté suffira-t-il ? Son directeur de cabinet, Dominique Schuffenecker, se distingue des autres en me confiant son numéro de téléphone.

Je ne me déplace plus sans une matraque télescopique et une bombe lacrymogène. À la maison, je campe au rez-de-chaussée avec l'idée que je serais mieux placé en cas d'attaque. Lorsque je me rends en voiture chez mon médecin, je roule beaucoup trop vite, pied au plancher, comme si je cherchais à me mettre en danger. Incapable de me concentrer, je sens que la société de vente d'épices que j'ai créée avec les miens est au bord du gouffre.

Suis-je encore l'otage du monstre ?

*

La vie du terroriste et ses multiples méfaits envahissent bel et bien les médias. Le héros, c'est lui. Son père ne s'y est pas trompé, qui, le samedi suivant l'attentat, s'est permis d'aller promener sa barbe rousse sur le marché de Noël et de narguer les militaires, après s'être économisé toute compassion à l'égard des familles touchées.

Il ne m'a pas tué, mais il m'a inoculé son venin durant quinze minutes, une braise qui me brûle de l'intérieur. Il ne m'a pas tué, mais il me tue à petit feu. Certaines morsures psychologiques sont plus lourdes à soigner que des blessures. À 20 ans, j'aurais sans doute géré le traumatisme plus facilement qu'à 48 ans. Je suis solide en apparence, mais je vis comme un renard coincé dans son terrier. Le terrorisme tue directement, mais aussi indirectement. Je meurs de la culpabilité de n'avoir pu l'enfermer dans le coffre de la Mercedes pour le livrer, ficelé, à la police. Et constate avec honte et désarroi que je ne parviens plus à faire face aux charges de mon foyer.

Je carbure au café et mon ventre gonfle. Je dors mal. Je suis collé devant l'écran de télévision. Je veux tout savoir sur celui que je ne nomme pas. Tout connaître de son passé, même si cette façon de le mettre à la une m'écœure. Mais je n'ai toujours pas l'énergie suffisante pour aller mêler ma peine à celle des Strasbourgeois en deuil. J'ai bien trop peur de m'exposer, de mettre en avant ma famille, qui s'est toujours illustrée par sa discrétion. Je m'acharne à échapper aux journalistes, qui ont questionné jusqu'à la boulangère du village à mon sujet et ont réussi à faire irruption dans une maison qui n'était pas la bonne, massacrant au passage le jardin de pauvres gens qui n'y ont rien compris.

La lumière artificielle remplace dans ma vie celle du jour, faute de pouvoir ouvrir les volets. Le terroriste m'a volé le soleil. Je suis un mort-vivant traversé de cauchemars. Fragile. Mal dans sa peau. Aux aguets.

Je n'ai même pas la force de plaider mon statut de victime. Cela n'a rien d'automatique, à ma grande surprise. Je dois me battre, en dépit de mon moral défaillant. Je dois apporter la preuve que je suis touché psychologiquement. Un combat dans le combat.

Épaulé par l'avocat que nous avons choisi après des semaines d'errance, Maître Claude

Lienhard, je parviens à déposer plainte officiellement en février 2019, condition indispensable pour être considéré comme victime. À la mi-mars, secoué par les menaces proférées sur les réseaux sociaux par l'un des frères du terroriste et la tentative d'assassinat dont a été victime un surveillant de prison de la part d'un homme prétendant vouloir « venger » ce même terroriste, je pars me ressourcer au Maroc, en terrain neutre. Le meilleur écrin pour atteindre un début de résilience, accompagné par un ami cher, Khalid, mon nouvel ange gardien. Du fond de ma dépression, j'apprends que six policiers intervenus dans l'affaire du marché de Noël ont été décorés de la Légion d'honneur. Une victime a également reçu une médaille. Je suis l'oublié de l'histoire. Comme pour conserver une preuve indélébile de mon face-à-face avec la mort, je garde à la cave la paire de chaussures que je portais ce soir-là. J'ai longtemps refusé de me débarrasser de la chemise et du pantalon tachés de son sang, mais j'ai fini par céder aux demandes pressantes de mon épouse et les vêtements souillés ont fini à la poubelle.

En juin, de retour à Strasbourg, j'atterris dans une salle bondée au milieu de toutes les autres victimes de l'attentat, entourées d'experts, de psychologues et de policiers. Quand vient mon tour de raconter mon histoire, tout le monde est en larmes. Moi aussi. Des personnes présentes restent convaincues que cet attentat est un « coup monté par l'État », une « diversion pour faire oublier le mouvement des Gilets jaunes ». Des soupçons particulièrement douloureux pour moi. J'argumente. Je suis de confession musulmane, franco-marocain. J'ai vu dans ses propres yeux la motivation du terroriste. Je n'ai pas juste entendu parler de lui sur les réseaux sociaux, j'ai assisté en direct à une partie de l'histoire, sans filtre ni écran. J'ai agi pour mon pays, pour ma ville, pour sauver des vies. Je comprends ce jour-là que je ne peux pas rester dans l'ombre si je veux contrer toutes ces théories complotistes. Je dois donner corps au chauffeur de taxi, montrer qu'il existe, que j'existe. J'accepte un premier témoignage à la radio, anonyme, puis un reportage pour France 2.

*

Un ami policier se mobilise et parle de mon cas à un influent député de la région. Avec succès, à en juger par cet appel reçu le 10 décembre 2019, vers 20 heures, de la part du directeur de cabinet du préfet, celui qui garde sur moi depuis le début un œil bienveillant. Toujours à l'écoute, mon interlocuteur est l'un des seuls à relever le niveau.

— Vous allez être décoré demain par le ministre de l'Intérieur, m'annonce-t-il.

Après une enquête censée vérifier qu'il n'y a rien à me reprocher, pas une ombre au tableau, le processus a été déclenché. Je vais, moi aussi, recevoir une médaille. Le directeur de cabinet est ravi pour moi, il estime que je mérite cette récompense. Mon tour est venu.

Le lendemain, je me retrouve à la préfecture au milieu de près de cent vingt heureux promus. Le service du protocole nous dispose en trois rangs. Je suis dans le premier, sans savoir que cela a un sens. Ce n'est pas une Légion d'honneur que Christophe Castaner va épingler dans quelques instants au revers de ma veste – je découvrirai que les récipiendaires de la Légion d'honneur ont eu droit à une petite cérémonie pour eux dans une salle séparée, avant –, mais une médaille de la sécurité intérieure. La médaille de bronze pour ceux du premier rang, d'argent pour le suivant, d'or pour le troisième.

Je suis l'enfant de la République qui s'est mis en travers de la terreur aveugle, mais je ne mérite que le bronze. Mon épouse tique un peu, je la sens même profondément révoltée par le poids symbolique de cette distinction en demi-teinte, au point de s'effondrer en m'enjoignant d'arracher cette distinction.

Une autre médaille ne m'aurait pas rendu plus riche, mais la symbolique eût été plus puissante et plus réparatrice, pour moi comme pour mes enfants. Lorsque je vois la gendarme arrivée avec son berger allemand à 3 h 30 pour renifler mon taxi recevoir une médaille supérieure à la mienne, comme les policiers que j'ai croisés en sortant du commissariat, je me dis que l'État a vraiment raté une marche et que je vais attendre d'autres échéances pour consolider ma lente reconstruction. Et juguler peu à peu cette emprise mentale qui pompe mes forces.

Le jour même, en cette date anniversaire, je n'en prends pas moins la parole au cours d'une cérémonie organisée à la cathédrale Notre-Dame de Strasbourg. Avec mon discours imprimé sur quatre pages, je monte les marches qui mènent au chœur et entame ma lecture en présence du ministre de l'Intérieur, du préfet et du maire, en contenant mon immense émotion :

« La langue française est riche d'expressions qu'on ne prend jamais au premier degré : *voir sa vie défiler*, *sentir son sang se glacer*, *sa gorge se nouer, avoir l'estomac retourné, les jambes en coton*. Le 11 décembre 2018, ces mots sont devenus ma réalité. […] Le 11 décembre 2018, j'ai été pris en otage au sens propre du terme : enfermé dans mon véhicule, une arme pointée dans le dos. Aujourd'hui, je refuse que ma religion, mon identité, ma culture et mes valeurs soient prises en otage à leur tour. Le terrorisme est aveugle : le prétexte de la religion que ces criminels utilisent ne doit tromper personne. »

— Si tu t'appelais Bernard ou François, crois-moi que tu aurais été traité autrement, me confie quelques jours plus tard un ami policier.

Mais je m'appelle Mostafa Salhane et je suis maghrébin, comme le terroriste qui a bousillé des vies sur le marché de Noël. Je leur cherche des excuses, ils ont probablement leurs raisons, ces hauts fonctionnaires qui ont fait le choix de m'octroyer le bronze. Cela n'empêche pas que s'installe en moi le sentiment d'avoir été effacé, mis à l'écart, alors que j'ai pris mon courage à deux mains pour ne pas flancher devant le tueur et que j'ai décrit cet individu au sourcil près afin de permettre son identification. Un peu comme si on m'avait subitement déclassé au niveau amateur lorsque je remportais des médailles au karaté. Une épreuve supplémentaire, même si j'ai fièrement accroché le diplôme du ministère de l'Intérieur sur un mur, dans l'entrée de notre maison.

*

Il est temps de déménager pour renouer avec une vie sociale à peu près normale, de trouver un quartier où notre plus jeune fils pourra poursuivre sereinement sa scolarité. Un moment difficile durant lequel le soutien du directeur de cabinet du préfet m'est, là encore, d'un grand réconfort.

Pour les aides financières qui auraient pu sauver mon entreprise, mon tour est passé. Concentré sur ma quête de sérénité, j'ai mis trop de temps à découvrir les méandres de l'administration. Vingt-quatre mois après les faits, je relève du droit commun. La loi n'intègre pas le temps de l'émotion. Quant aux huissiers, ils saisissent l'argent sans se soucier de savoir qu'il provient du fonds de garantie pour les victimes ou d'ailleurs. Si on m'avait permis de sauver ma société, je me serais raccroché aux épices, mais l'heure a trop tourné. La France dispose de l'un des meilleurs systèmes au monde ; encore faudrait-il que les bureaucrates l'appliquent à la lettre, au lieu de faire la fine bouche devant les victimes afin de réduire les dépenses.

Chaque année, l'angoisse remonte à partir de la fin octobre. Je deviens irascible jusqu'à la date anniversaire. Je passe Noël dans les turbulences et le nouvel an dans l'amertume, incapable de fêter ma propre descente aux enfers.

Quand on est touché par le terrorisme, c'est pour la vie. Ma haine ne se calme pas. Ma colère contre cet individu reste intacte.

J'ai fait barrière contre celui qui s'en prenait à notre liberté et j'ai tout perdu. Mon taxi. L'affaire que j'avais montée avec ma fille. Notre maison, qui nous a échappé. Par deux fois, j'ai même souhaité mettre fin à mes jours. Je ne l'ai pas fait. J'ai puisé dans l'énergie de ma famille, dans celle du sport, dans la foi, et je me suis relevé. Je combats chaque jour, chaque nuit, ce venin que le terroriste a instillé en moi. Un mal contagieux, car tous mes proches s'en trouvent impactés par ricochet.

Le 10 mars 2020, je dépose les statuts d'une association qui a pour but d'aider les victimes d'attentats, de soutenir le devoir de mémoire et de prévenir, autant que faire se peut, la radicalisation : l'AVA (Association des victimes d'attentats). Ma principale alliée dans cette aventure n'est autre que Myriam, la vaillante gardienne de la paix bientôt promue brigadier-chef. Couleurs affichées sur notre carte de visite : bleu blanc rouge. Devise : Solidarité, Humanité, Fraternité. La secrétaire de l'association est la veuve de Kamal, l'exilé afghan mort alors qu'il visitait le marché de Noël. Son adjoint est l'un des vigiles sénégalais que le terroriste a épargnés. Ma femme est naturellement partie prenante de l'aventure. L'ancienne adjointe au maire Chantal Cutajar devient notre vice-présidente.

Les politiques préfèrent regarder ailleurs, ils mettent la tête dans le sable. « Tout va bien, on gère » disent-ils, mais ils ne gèrent rien du tout. Ma reconstruction passe par cet engagement au service des victimes, plus nombreuses qu'on ne le croit, qui peinent à être reconnues, et par l'éveil des consciences de la génération qui vient. Elle passe aussi par ce livre. Et par le procès annoncé, six semaines pour que la vérité soit sue de tous.

Durant trois ans, j'ai soigneusement évité le centre-ville de Strasbourg, jusqu'au jour où j'ai décidé de refaire le parcours pédestre du tueur. Je voulais comprendre comment il était arrivé jusqu'à mon taxi. C'est incroyablement long. J'ai refait aussi en voiture, à la même vitesse, le circuit de ma dernière course, revécue mentalement tant de fois, seconde après seconde, au fil de mes cauchemars. Les 7 kilomètres les plus longs de ma vie.

J'ai aussi retrouvé la trace des parlementaires italiens qui l'ont vu monter dans mon taxi. L'un d'eux a transmis ce message à une députée, Caroline Roose : « Dites merci à Mostafa, dites-lui qu'on a échappé à la mort grâce à lui. » S'il avait vu les badges autour de leur cou, le terroriste aurait fait un strike direct, donnant à l'attentat une tournure internationale. Les autres victimes auraient même été oubliées. Mais il s'est focalisé sur moi.

Cinq ans plus tard, tel un nouveau-né, je repars de zéro. Je réapprends le goût, l'odorat, l'ouïe, l'amour, et redécouvre la vie sociale après une longue période d'isolement. Je réapprends le langage commun, celui que parlent les gens normaux, ceux qui ne compensent pas un traumatisme par une hypervigilance de tous les instants. Je réapprends le chemin de l'harmonie, celui de l'insouciance et le goût de la tisane au safran. Je piste la joie de vivre qui m'habitait jusqu'à ce 11 décembre 2018, à 19 h 58, quand tout semblait me réussir.

J'ai payé le prix fort, mais je suis convaincu d'une chose : si c'était à refaire, je n'hésiterais pas.

Pour en savoir plus
sur les Éditions Plon
(catalogue, auteurs, vidéos, actualités…),
vous pouvez consulter
**www.plon.fr**
**www.lisez.com**

et nous suivre sur les réseaux sociaux

Editions Plon

@EditionsPlon

@editionsplon

Pour plus d'information :

www.lisez.com

Imprimé sur du papier issu de forêts gérées durablement.

CET OUVRAGE A ÉTÉ ACHEVÉ D'IMPRIMER SUR ROTO-PAGE
PAR L'IMPRIMERIE FLOCH À MAYENNE EN JANVIER 2024

N° d'impression : 104078
N° d'édition : P31853/01
*Imprimé en France*